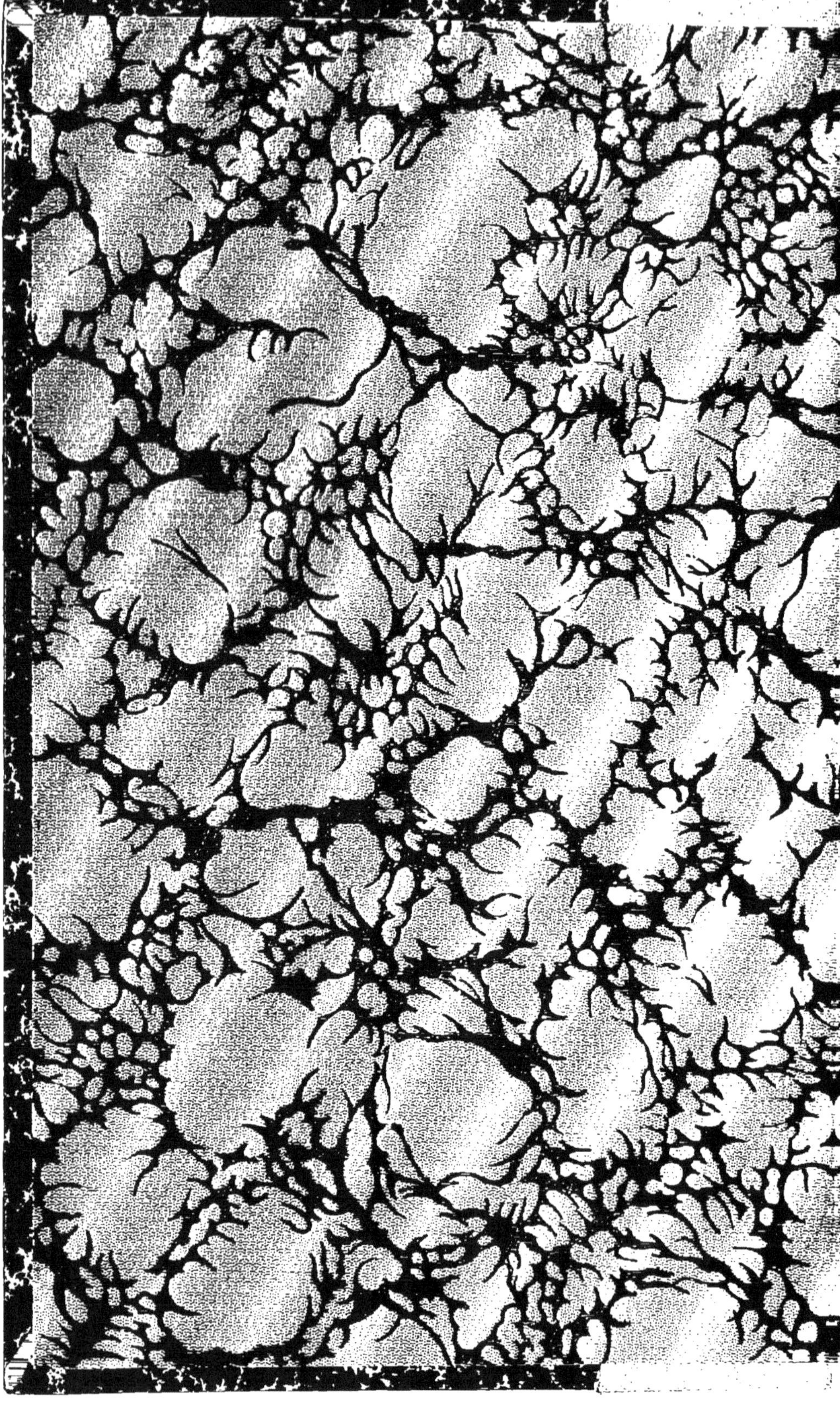

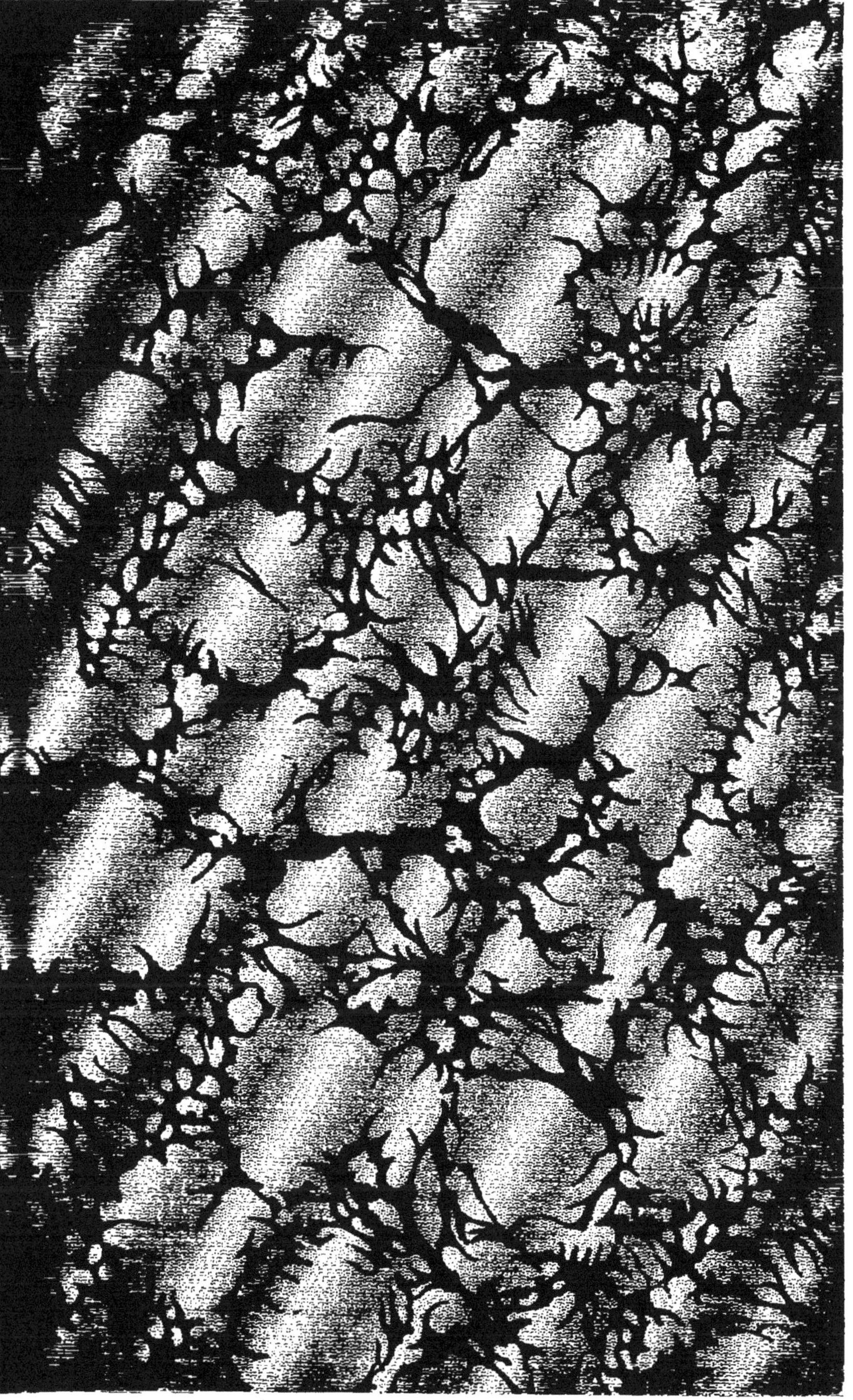

VIE

DE

HENRI DORIE

PRÊTRE DE LA SOCIÉTÉ DES MISSIONS ÉTRANGÈRES

DÉCAPITÉ POUR LA FOI EN CORÉE

LE 8 MARS 1866

ÉCRITE PAR

L'ABBÉ FERDINAND BAUDRY,

CORRESPONDANT DU MINISTÈRE POUR LES TRAVAUX HISTORIQUES.

« Souffrir pour Dieu est désormais ma devise. »

(*Lettre du P. Dorie, 5 juillet 1864.*)

POITIERS

HENRI OUDIN, LIBRAIRE-ÉDITEUR.

A PARIS

CHEZ VICTOR PALMÉ, LIBRAIRE,

RUE DE GRENELLE-SAINT-GERMAIN, 25.

1867

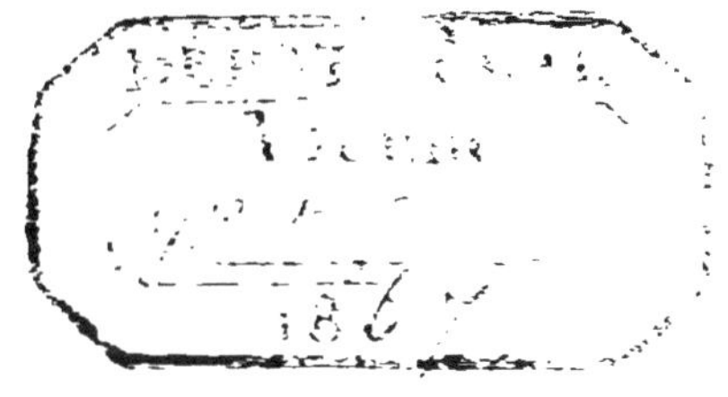

VIE
DE
HENRI DORIE

POITIERS. — TYP. ET STÉRÉOTYP. OUDIN.

HENRI-PIERRE DORIE, MARTYR,
en Corée (8 Mars 1866)

SOUFFRIR POUR DIEU
est désormais ma devise (Lettre du 5 Juillet 1864)

VIE

DE

HENRI DORIE

PRÊTRE DE LA SOCIÉTÉ DES MISSIONS ÉTRANGÈRES

DÉCAPITÉ POUR LA FOI EN CORÉE

LE 8 MARS 1866

ÉCRITE PAR

L'ABBÉ FERDINAND BAUDRY,

CORRESPONDANT DU MINISTÈRE POUR LES TRAVAUX HISTORIQUES.

« Souffrir pour Dieu est désormais ma devise. »

(Lettre du P. Dorie, 5 juillet 1864.)

POITIERS

HENRI OUDIN, LIBRAIRE-ÉDITEUR.

A PARIS

CHEZ VICTOR PALMÉ, LIBRAIRE,

RUE DE GRENELLE-SAINT-GERMAIN, 25.

1867

A

MONSIEUR LE COMTE DE BESSAY,

DE LA BENATONNIÈRE DE GROSBREUIL (VENDÉE).

MONSIEUR LE COMTE,

Toutes les bonnes œuvres sont agréables à Dieu, mais il en est deux qui semblent l'emporter sur les autres, parce qu'elles ont pour but l'extension de son règne sur la terre et qu'elles procurent sa gloire. L'œuvre des Séminaires et l'œuvre de la Propagation de la foi, voilà la double source du sacerdoce et de l'apostolat catholique, fleuves bienfaisants qui promènent à travers le monde qu'ils régénèrent et qu'ils fécondent les eaux de la grâce. L'aumône faite à ces œuvres fleurit comme la tige de Jessé, et le fruit qu'elle donne à l'Église est un prêtre, quelquefois un apôtre et un martyr.

Ces deux œuvres, Monsieur le Comte, vous les

aimez, et c'est là un de vos titres de gloire aux yeux de la foi. Aussi le Seigneur vient-il de vous en récompenser, même dès ici-bas, en associant votre nom à celui d'un vaillant athlète, qui fut votre protégé, et qui a moissonné la palme du martyre, en versant son sang pour Jésus-Christ dans la presqu'île de Corée, le 8 mars 1866.

Cette palme, Monsieur le Comte, Henri Dorie, le fils d'un petit propriétaire qui est en même temps votre fermier, vous en est redevable en quelque sorte, puisque vous lui avez procuré l'éducation qui l'a conduit à la prêtrise et en a fait plus tard un missionnaire apostolique. Il le reconnaissait lui-même le jour où il vous disait : « Si je meurs martyr, c'est à vous que je le devrai ! »

Depuis que saint François Xavier a montré le chemin des missions étrangères, un grand nombre de ceux qui se sont élancés à sa suite ont eu la tête tranchée par le fer du bourreau dans les régions infidèles. Henri Dorie est le premier dont s'honore la Vendée. Vendéen, j'ai voulu écrire sa vie, pour montrer comment la foi sait, au besoin, métamorphoser une nature faible et timide, et donner à une âme, en apparence vulgaire, toute la vigueur, toute l'énergie et toute la force des premiers héros du christianisme.

A qui la dédierai-je cette vie? sinon au noble Comte dont celui qui en est le sujet s'est toujours dit l'enfant.

Je vous prie de vouloir bien en agréer l'hommage, avec l'assurance des sentiments distingués avec lesquels je suis,

Monsieur le Comte,

Votre très-humble serviteur,

FERDINAND BAUDRY,
Curé du Bernard.

Le Bernard, 15 décembre 1866.

A

MONSEIGNEUR L'ÉVÊQUE DE LUÇON.

MONSEIGNEUR,

Si le nom de M. le Comte de Bessay à qui je dédie la vie du P. Dorie doit vivre dans les Annales ecclésiastiques à côté de celui de son protégé, quel rang ne doit pas y occuper celui de son Évêque, de son père en Jésus-Christ?

C'est à l'ombre de votre bâton pastoral, Monseigneur, que le P. Dorie s'exerça au grand séminaire de Luçon aux vertus qui ont fait de lui un apôtre et un martyr. C'est vous qui, par les ordres mineurs que vous lui avez conférés, l'avez attaché au service des autels.

S'il entra ensuite au Séminaire des Missions-Étrangères, pour y faire le noviciat qui devait le rendre digne de la mission de Corée, ce ne fut qu'après avoir reçu votre bénédiction.

Ah ! il me semble qu'au moment où vous lui permîtes de s'arracher à votre tendresse, la main étendue sur son front, vous aviez pour lui dans le cœur toutes les bénédictions que Jacob distribua autrefois si largement à son fils Juda, et que, comme le saint patriarche, vous lui disiez : « *Courage, mon enfant*, un jour viendra où *vos frères applaudiront à votre triomphe.* Juda, te laudabunt fratres tui ! *Votre main aguerrie aux combats brisera la tête de vos contradicteurs et des ennemis qui oseront vous faire la guerre.* Manus tua in cervicibus inimicorum tuorum. *Je vois dans l'avenir les enfants de votre père tomber à vos pieds pour vénérer votre mémoire.* Adorabunt te filii patris tui. *O mon enfant, vous serez le lionceau du désert. Vous gravirez la montagne pour y chercher la proie qui seule peut apaiser votre faim, les âmes que vous voulez gagner à Jésus-Christ.* Catulus leonis Juda : ad prædam, fili mi, ascendisti. *Il est possible que la hache du bourreau vienne vous frapper et vous terrasser ; mais, à votre heure suprême, vous vous coucherez, quoique au printemps de votre vie, non plus comme un lion-*

ceau, mais comme un lion qui a atteint toute sa force faisant trembler la main qui aura déchargé sur vous sa fureur. Requiescens accubuisti ut leo... quis suscitabit eum? *De quelle gloire resplendira mon fils! Il donnera à sa robe déjà si belle et à son manteau déjà si brillant tout l'éclat de la pourpre; il les teindra dans le pressoir où coule le sang des martyrs, il les lavera dans son propre sang.* Lavabit in vino stolam suam et in sanguine uvæ pallium suum [1]!

Si la bénédiction de Jacob porta bonheur à son fils Juda, la vôtre, Monseigneur, produisit dans l'âme du jeune Dorie les fruits les plus heureux.

Et maintenant, de même que Juda fut la gloire de son père, de même le martyr Dorie sera, Monseigneur, la gloire de votre épiscopat.

J'ai écrit sa vie pour venger dans sa personne l'apostolat catholique, dont il fut l'un des champions les plus ardents et pour exciter les fidèles à entretenir et à soutenir cet apostolat par leurs aumônes et par leurs prières. Je l'ai écrite aussi

1. Gen. XLIX, 8-11.

pour proposer ce glorieux enfant de la Vendée comme un modèle de vertus à ceux qui ont quelque envie de devenir meilleurs.

Pour atteindre plus facilement ce triple but, j'ai besoin, Monseigneur, de vos encouragements et de votre approbation, et je les sollicite humblement de Votre Grandeur, en la priant d'agréer l'assurance du profond respect avec lequel je suis,

Monseigneur,

Votre très-humble et très-obéissant serviteur,

BAUDRY.

Le Bernard, 26 janvier 1867.

APPROBATION

DE

MONSEIGNEUR L'ÉVÊQUE DE LUÇON.

Luçon, le 31 janvier 1867.

MONSIEUR ET CHER CURÉ,

Je vous autorise bien volontiers à faire imprimer la VIE DU P. DORIE *dont je viens de terminer la lecture. En recueillant avec un soin religieux les moindres détails d'une existence si courte en apparence, mais si pleine devant Dieu, si héroïque dans sa simplicité et dans sa modestie, vous aurez contribué à éclairer, à édifier, à toucher un grand nombre d'âmes, et à rendre plus féconde encore dans notre chère Vendée l'œuvre admirable de la Propagation de la foi.*

Je fais des vœux pour que ces pages écrites avec le cœur soient lues dans toutes les familles chrétiennes du diocèse.

Recevez, Monsieur et cher Curé, avec mes remerciements pour la peine que vous vous êtes donnée, l'assurance de mes sentiments les plus affectueux et les plus dévoués.

† CHARLES, *év. de Luçon.*

INTRODUCTION.

« Otez du monde les préjugés et les passions, disait autrefois un célèbre moraliste, et le monde est naturellement chrétien. » L'homme est moins méchant qu'on ne le fait. Les passions, quelque violentes qu'elles soient, ne le subjuguent pas à toutes les périodes de sa vie ; il y a chez lui des moments de trêve, où le calme de la raison l'emporte sur l'agitation du cœur. Les préjugés n'ont pas, non plus, le triste privilége d'obscurcir toujours son esprit. Un rayon de lumière suffit souvent pour en dissiper les ténèbres et faire lever à l'horizon de son intelligence le soleil de l'éternelle vérité. En voici un exemple :

A la fin de février 1866, les deux évêques et les dix missionnaires français que la Congrégation de la Propagande avait envoyés dans la Corée pour y implanter l'Évangile furent poursuivis à toute outrance, et neuf d'entre eux furent pris, jetés en prison et décapités pour la foi. Mgr Siméon-François Berneux, du diocèse du Mans, évêque de Capse et vicaire apostolique, après vingt-six années d'apostolat passées au Tonkin, en Mandchourie et en Corée, eut la tête tranchée aux portes de la capitale de ce royaume, le 8 mars 1866. Les PP. Bernard-Louis Beaulieu, du diocèse de Bordeaux, Simon-Marie-Antoine-Just Ranfer de Bretenières, du diocèse de Dijon, et Henri Dorie, du diocèse de Luçon, partagèrent son sort le même jour, dix mois seulement après leur débarquement dans la presqu'île. Le 11 mars suivant, les PP. Charles-Antoine Pourthié, pro-vicaire apostolique, du diocèse d'Alby, et Michel-Alexandre Petitnicolas, du diocèse de Saint-Dié, missionnaires depuis plus de dix ans, et attachés au Séminaire de la mission de Corée, cueillirent, à leur tour, la palme du martyre. Enfin, le 30 mars, Mgr Marie-Nicolas-Antoine Daveluy, du diocèse d'Amiens, évêque d'Acônes et coadjuteur de Mgr Berneux, qui avait arrosé de ses sueurs, pendant vingt-un ans, le sol coréen, versa son sang pour la même cause, avec les PP. Martin-Luc Huin, du diocèse de Langres, qui n'était qu'arrivé de France, et Pierre Aumaître, du diocèse d'Angoulême, qui était entré en Corée en 1863.

La nouvelle d'une persécution aussi sanglante dans un pays tributaire de la Chine, et non loin d'une station navale commandée par un contre-amiral français étonna l'Europe chrétienne, lorsqu'elle parvint à ses oreilles, au mois de septembre 1866. Quelques jours après, je me trouvai à table d'hôte avec un colonel et un lieutenant de vaisseau que je connaissais. Après quelques moments de silence, la conversation s'engagea naturellement sur ce qui venait de se passer dans l'extrême Orient.

« Monsieur l'abbé, dit le colonel, vous savez comment on traite vos confrères en Corée.

— Oui, colonel, ils sont morts pour leur foi, et c'est pour eux un gain.

— Un gain! Monsieur l'abbé, ah! je les plains sincèrement d'être tombés entre les mains de pareils sauvages.

— Vous les plaignez, colonel! Moi je ne les plains pas; je les trouve bienheureux, au contraire, car ils ont combattu vaillamment pour leur chef et ont ceint leur front de la plus belle de toutes les couronnes, de la couronne du martyre.

— C'est une couronne, Monsieur l'abbé, dont je ne comprends guère le prix.

— Colonel, veuillez me prêter un moment d'attention, et vous allez en connaître la valeur. Un missionnaire est un homme qui s'enrôle dans la milice de Jésus-Christ; c'est un soldat; je me trompe, il est chef comme vous, il commande, et parce qu'il a l'honneur du commandement, il a aussi celui de marcher le premier à l'ennemi.

— Je ne vois pas bien, Monsieur l'abbé, en quoi un missionnaire ressemble à un colonel.

— Vous, colonel, vous servez la patrie terrestre et vous en êtes l'un de ses généreux défenseurs ; le missionnaire, lui, travaille dans les intérêts de la patrie céleste et, pour en soutenir la cause, il ne recule, comme le militaire, devant aucun sacrifice. Citons des faits. Nos martyrs coréens avaient embrassé la carrière apostolique

— Pourquoi, Monsieur l'abbé, l'avaient-ils embrassée ?

— Pourquoi vous, colonel, avez-vous embrassé la carrière militaire ?

— Parce que c'était ma vocation, Monsieur l'abbé, et qu'il m'a semblé que j'étais né pour les armes.

— Eh bien ! colonel, si nos martyrs coréens se sont faits missionnaires, c'est que Dieu voulait qu'ils exerçassent le ministère apostolique. Il leur avait dit à l'oreille du cœur, comme autrefois aux premiers apôtres : « *De même que mon Père m'a envoyé, de même je vous envoie* [1], *non pour convertir à mon*

1. *Sicut misit me Pater et ego mitto vos* (Joann. XX, 21).

culte deux villes, dix villes, vingt villes, une nation tout entière, comme j'envoyais autrefois mes prophètes, mais pour porter le flambeau de la foi par toute la terre, par toutes les îles, dans l'univers entier, parce qu'il gémit dans l'esclavage de tous crimes et que je veux briser ses fers[1]. »

— J'avoue, Monsieur l'abbé, que la tâche est magnifique; mais, aussi, quelles difficultés! quelles luttes! quel travail dans cette course à travers le monde!

— Colonel, la carrière militaire n'a-t-elle pas, elle aussi, ses peines et ses dangers? Est-ce que nos soldats n'ont pas fait, depuis un siècle, le tour du globe? Sans parler de l'Europe qu'ils ont traversée en tous sens, ne les a-t-on pas vus en Afrique, en Asie, en Amérique, en Océanie? L'histoire pourra-t-elle en citer un seul qui se soit plaint et qui ait reculé devant le péril? Non, assurément. Il

1. *Non ad duas quippe urbes, aut decem, aut viginti, neque ad unam gentem, prorsus ac mare, totumque mundum hunc variis criminibus oppressum* (S. Joan. Chrys., hom. 15 in Matth.).

en est de même du missionnaire. Rien ne peut l'arrêter dans la carrière où sa vocation l'a fixé.

— Que le prêtre, Monsieur l'abbé, une fois entré dans cette voie, ne recule pas; c'est tout naturel; mais comment a-t-il le cœur de s'y engager, quand il laisse une mère que son départ condamne à un deuil éternel?

— Et vous, colonel, quand vous partîtes pour l'armée, n'aviez-vous pas une mère qui fondait en larmes? Pour la consoler vous lui dîtes : « Mère, ne pleure pas..., je reviendrai te voir avec les épaulettes de capitaine! » La pensée de la gloire qui vous attendait sécha ses pleurs; et quand, après la séparation, la nature voulait reprendre le dessus, elle en étouffait les cris, en murmurant tout bas : J'aurai un fils capitaine! Eh bien! chaque missionnaire dit aussi à sa mère, en lui faisant ses adieux : « Mère, pourquoi pleurer? Le Dieu qui m'appelle a dit dans son Évangile : *Celui qui, pour mon nom, quittera sa maison, ses frères, ses sœurs, son père, sa mère , ses biens, etc., recevra le centuple en cette vie , et , dans le siècle futur , la vie éternelle*[1]. — Le centuple en ce monde, mère! moisson de grâces, de vertus, de force, de courage et de consolations ! Ce n'est pas un tyran qui commande, c'est bien au contraire un père qui parle. Et , dans le siècle à venir , la vie éternelle ! La vie éternelle, mère ! c'est-à-dire le ciel, ah ! je t'y donne rendez-vous!

« Après avoir ouï ces paroles, la mère du missionnaire qui rêve, en fin de compte, le bonheur de son fils , triomphe facilement de son propre cœur et dit : « Mon fils sera couronné un jour , je verrai mon fils au ciel! » Et si ce fils vient à être égorgé par les infidèles, elle pleure, mais elle se console. Cela est tellement vrai, que les mères des derniers martyrs de la Corée ont porté tout au plus le demi-deuil à l'occasion de la mort de leurs fils, et que quelques-unes d'entre elles ont fait célébrer des messes d'actions

1. Matth. XIX, 29.

de grâce pour honorer leur triomphe.

— Cela prouve, Monsieur l'abbé, que ces mères sont des personnes convaincues et d'une foi très-vive. Mais, puisque nous parlons des martyrs de la Corée, on m'a dit que l'un d'eux, en partant, avait joint au sacrifice de ses proches celui d'une fortune considérable. N'aurait-il pas mieux fait de rester dans son pays pour y être la providence des pauvres ?

— En abandonnant tous ses biens, colonel, il a fait plus que s'il n'en avait donné que le superflu, ce que fait le riche lorsqu'il distribue à sa porte le pain de la charité chrétienne, et il aura tout le mérite des bonnes œuvres de ses proches qui en ont hérité. Au reste, l'aumône aux pauvres est une grande vertu sans doute, mais il en est une autre plus grande encore et plus agréable à Dieu, c'est celle qui consiste à dépenser à son service les seuls biens qui nous sont propres, notre temps, notre force, notre santé, notre vie, notre sang. Or, telle est l'aumône du missionnaire, et celle-là, il la fait aux âmes, auxquelles il fournit le pain de la vie éternelle, il la fait à Dieu!

— Si le missionnaire en question, Monsieur l'abbé, fût resté dans son château, avec ses gros revenus, au moins il aurait eu une existence tranquille.

— A ce compte, colonel, Jules César, qui avait plusieurs millions à dépenser chaque année, n'aurait pas dû franchir les Alpes et supporter, pendant dix ans, les fatigues de la guerre, pour s'acquérir le titre de vainqueur des Gaules et de la Grande-Bretagne. Est-ce que la gloire ne chatouille pas plus le cœur du guerrier qu'un monceau d'or scellé dans ses coffres?

— Vous avez raison, Monsieur l'abbé; mais quelle est donc la gloire d'un missionnaire décapité?

— Cette gloire est immense, colonel. Ne parlons pas du ciel où il est au premier rang dans la légion des saints, ne voyons que ce qui se passe sur la terre. A peine est-il mort, que le diocèse où il est né fait pour lui une brillante fête. L'évêque qui représente l'Église accourt dans la paroisse où il a reçu le baptême. Il officie avec toute la pompe que l'on déploie dans les plus grandes solennités ; il prononce ou fait prononcer son panégyrique et proclame bien heureuse la famille qui lui a donné naissance. Plus tard, le Pontife romain, chef de l'Église universelle, quand sa cause est suffisamment instruite, inscrit son nom dans le catalogue des saints martyrs et le propose à la vénération de tous les fidèles. Quelle gloire, même dès ici-bas !

— La gloire est donc, Monsieur l'abbé, le motif pour lequel le missionnaire quitte ses parents, ses biens, vit dans la pauvreté et la misère, et se fait tuer par les barbares ?

— La gloire humaine, non, colonel ! La gloire de Dieu, oui ! C'est-à-dire qu'il s'oublie pour Dieu ; ce qu'il veut, c'est l'extension du royaume de Dieu ; ce qu'il désire, c'est que son nom soit connu, aimé et sanctifié sur la terre. La soif qui le dévore est celle du salut des âmes. Pour sauver une âme il sacrifierait mille vies, s'il le fallait. Ses travaux, ses sueurs, son immolation de chaque jour, sa vie qu'il donne et son sang qu'il verse, tout en lui procure la gloire de Dieu. Et c'est précisément parce qu'il n'a cherché, pendant son apostolat, que la gloire de son chef, qu'après sa mort un reflet de cette gloire à laquelle il est associé rejaillit dans ce monde sur sa mémoire.

— Tout cela est bien pensé et bien dit, Monsieur l'abbé; mais pourquoi préférer la Corée à la France?

— Et vous, colonel, pourquoi, à une certaine époque de votre carrière, avez-vous demandé à passer en Afrique? Parce que vous vouliez gagner vos épaulettes dans les montagnes de la Kabylie. Rentré en France et n'y trouvant pas d'ennemis, vous avez couru à Solférino chercher votre grade de colonel, et si l'honneur de votre pays exigeait qu'il se heurtât contre les fusils à aiguille de la Prusse, je suis sûr que vous ne seriez pas des derniers à passer le Rhin pour devenir général.

— C'est très-vrai, Monsieur l'abbé.

— Je continue. Vous dites : Pourquoi préférer la Corée à la France ? Ah ! c'est qu'en France nous n'avons guère que des chrétiens, c'est-à-dire des hommes qui, par leur baptême, sont dans la voie du salut. Ajoutez que ces chrétiens ne manquent d'aucun des secours spirituels de la religion. Partout il y a des paroisses, partout il y a des églises, et, dans ces églises, des ministres du culte qui sont à la disposition de tous. Il n'en est pas de même dans les pays idolâtres. Là, Jésus-Christ n'est pas connu, l'Évangile n'est pas promulgué; là, les âmes sont, on peut dire, sous la puissance de Satan, et il leur est comme impossible d'arriver au ciel. Le missionnaire, qui le sait et qui a pitié de leur sort, se dit à lui-même : « Eh bien ! moi, je quitterai mon pays, où je serai facilement remplacé, et j'irai travailler au salut de ces âmes délaissées ; et, s'il le faut, j'atteindrai les dernières limites du monde pour les arracher toutes à l'enfer et les placer au rang des élus ». Voilà la raison d'être de l'apostolat catholique, du zèle qui emporte le missionnaire par delà les mers et de l'héroïsme dont il fait preuve jusque sous la hache du bourreau.

— Si l'apostolat, Monsieur l'abbé, est si beau dans son principe, si admirable dans ses effets, pourquoi tous les prêtres, s'ils ont la conscience de leur devoir, ne se font-ils pas missionnaires pour aller prêcher les infidèles ?

— Colonel, vous avez 2,000 hommes dans votre régiment ; en connaissez-vous qui aient trahi leur serments ?

— Oh ! non, Monsieur l'abbé, tous sont fidèles au drapeau.

— Et cependant, colonel, tous ne font pas partie de l'état-major. Vous ne comptez qu'un certain nombre d'officiers et de capitaines, et il n'y a qu'un seul colonel. Il en est de même dans la milice sacerdotale. Le prêtre ne manque pas à son devoir parce qu'il n'est pas missionnaire ; tous ne peuvent pas l'être. A chacun son rôle et sa vocation. L'obéissance fait de celui-ci un vicaire, de celui-là un curé, de cet autre un imitateur des apôtres, un missionnaire, un martyr, choisi entre mille, comme vous, colonel, vous avez été choisi entre mille.

— Je croyais, moi, Monsieur l'abbé, que dans l'Église les chefs étaient les évêques et le Pape.

— Oui, colonel, dans l'Église militante ; mais dans l'Église triomphante, dans laquelle l'Église militante doit se fondre un jour, le martyr aura la priorité ; il sera au-dessus des évêques et des Papes. Le chœur des martyrs a rang immédiatement après celui des premiers fondateurs de la religion chrétienne, des douze apôtres.

« En ce moment le lieutenant de vaisseau prenant part à la conversation, s'écria : « Vos paroles, Monsieur l'abbé, m'ont fait concevoir une grande estime pour l'apostolat chez les infidèles. J'admire ce jeune prêtre qui renonce à tout ce qu'il a de plus cher au monde, fortune, plaisir, famille, patrie, pour traverser les mers et aborder sur des continents à moitié barbares. Autrefois j'aurais appelé cela de la folie, parce qu'humainement parlant, c'est se rendre malheureux par sa faute ; mais, parce que je vois en lui, maintenant, toutes les qualités qui font les grands hommes, une volonté de fer ; pour atteindre un but qui est noble aux yeux de la raison et de la foi, la civilisation des peuples et leur bonheur temporel et éternel, un courage à toute épreuve qui ne recule devant rien, pas même devant la mort, et un zèle au-dessus de tout éloge, mis au service de la religion qui règle nos rapports envers Dieu, je lui accorde toute mon estime, soit que les néophytes qu'il a convertis l'abritent sous leur toit de chaume, soit que la persécution le force de se cacher dans les antres et le creux des rochers. Je dis même que l'humanité, dont il cherche à cicatriser les plaies, doit lui être reconnaissante, et que si le fer d'un bourreau stupide l'arrête dans l'accomplissement de cette glorieuse tâche, en tranchant le fil de ses jours, sa mort doit être regardée comme celle d'un héros. Mais je ne sais pas pourquoi on n'abandonnerait pas les idolâtres à leur malheureux sort, puisqu'ils s'obstinent à persévérer dans leurs erreurs. S'ils appellent les missionnaires, très-bien; mais s'ils les repoussent et qu'ils tiennent toujours le glaive suspendu sur leurs têtes, qu'ils restent à nous prêcher, nous qui ne sommes pas des catholiques trop fervents, et à nous édifier de leurs vertus.

— Lieutenant, j'aurais compris cette objection dans la bouche du colonel, mais elle ne peut pas être sérieuse dans la vôtre. Eh! que deviendraient les marins le jour où la tempête les pousse à la côte d'une île sauvage, s'ils n'y trouvaient pas un apôtre de l'Évangile?

— Oh! je sais, Monsieur l'abbé, que nos marins ont une affection toute particulière pour les missionnaires européens.

— Lieutenant, ils ont grandement raison, car ils trouvent en eux, au besoin, des amis, des consolateurs, des pères, et s'ils reviennent au rivage de la patrie et sont rendus à la tendresse de leurs mères, ils ne le doivent souvent qu'à ces messagers de la bonne nouvelle.

« Il y a moins de quarante ans, le roi d'une île anthropophage de l'Océanie, après un naufrage qui avait amené sur le continent un certain nombre de Français, disait au missionnaire qui l'avait converti : « Père, quelle bonne fortune pour eux que tu sois venu dans mon royaume! Ces blancs ne seront pas mangés, uniquement parce que tu m'as appris que le *grand Esprit* le défend par un de ses commandements

« Voilà le bienfait de la civilisation chrétienne et de l'apostolat catholique.

— Vous dites vrai, Monsieur l'abbé : les missionnaires sont, à l'étranger, le salut de nos marins, et je sais que l'un de nos aumôniers les plus distingués [1] leur rendait un jour devant moi ce glorieux témoignage, à la suite du naufrage de la frégate sur laquelle il s'était embarqué. Le missionnaire avait été pour lui et pour tout l'équipage la providence de Dieu.

— Lieutenant, l'attachement du marin

1. M. l'abbé Athanase Augereau.

pour le missionnaire est rationnel, vous le comprenez comme moi. Mais je n'ai pas encore répondu directement à votre objection ; j'y reviens. — Vous dites : « Je ne sais pas pourquoi on n'abandonnerait pas les idolâtres à leur malheureux sort, puisqu'ils s'obstinent à persévérer dans leurs erreurs. S'ils appellent les missionnaires, très-bien ; mais s'ils les repoussent et qu'ils tiennent toujours le glaive suspendu sur leurs têtes, qu'ils restent à nous prêcher, nous qui ne sommes pas des catholiques trop fervents, et à nous édifier de leurs vertus. »

« Lieutenant, vous êtes-vous trouvé quelquefois sur le littoral au moment d'un naufrage ?

— Plus de dix fois, Monsieur l'abbé.

— Eh bien ! lorsque le navire a échoué, je vois cent naufragés qui ont besoin de secours. Ils se divisent en trois catégories : vingt-cinq savent nager, la foule qui se presse sur les bords du liquide élément les encourage du geste et de la voix et les accueille avec transport dans ses bras, quand ils viennent à toucher la terre. Sur les cinquante qui sont ignorants dans l'art de la natation, vingt-cinq se cramponnent aux débris du navire et appellent des libérateurs. Les autres, moins prévoyants, se jettent à la mer dont ils sont bientôt le jouet, ils n'ont pas même la force de pousser un cri, ils vont périr. Que fera la foule? Des vœux, rien autre chose. Mais dans cette foule il y a douze marins. Resteront-ils inactifs?

— Oh! non, Monsieur l'abbé, le marin est toujours brave, et, au jour du danger, il ne craint pas d'exposer sa vie.

— Les douze marins, lieutenant, sont de bons nageurs, mais parmi eux, trois sont plus forts, plus vigoureux que les autres. Quelle sera leur part à eux? La plus périlleuse. Tandis que neuf abordent le vaisseau et jettent à ceux qu'il contient la corde du sauvetage, voyez-vous leurs trois compagnons tour à tour au sommet des vagues et dans les profondeurs de l'abîme, courant après ceux qui vont être engloutis et les arrachant à la mort, alors qu'ils étaient désespérés. Si l'Etat a trois médailles à distribuer, à qui les donnera-t-il? A ces trois hommes intrépides, et, si l'un d'eux est victime de son dévouement et périt dans les flots, que fera sa ville? Son corps sera porté en triomphe et recevra tous les honneurs de la sépulture, et, s'il a une mère, on l'environnera de respect, car on dira, en la montrant : « C'est la mère de l'héroïque marin mort dans l'exercice de la charité! » Eh bien! lieutenant, comprenez-vous?

— Oh! je comprends fort bien, Monsieur l'abbé.

— Ces gens qui attendent sur le rivage, lieutenant, sont l'image des prêtres qui reçoivent avec joie les chrétiens qui viennent à eux pour obtenir le salut. Les neuf marins représentent les ministres de la religion qui vont chercher les brebis égarées qui les appellent. Mais les trois nageurs à qui Dieu a donné plus de force et de courage sont la personnification du missionnaire qui dit : « L'infidèle qui n'a pas, pour se sauver, la planche du baptême, est plus en danger de se perdre que le chrétien ; c'est à lui que je cours, c'est lui que je veux emporter avec moi au rivage de la bienheureuse éternité.

— Merci, Monsieur l'abbé, de vos charmantes comparaisons. Le missionnaire, c'est bien l'homme du cœur, l'homme du dévouement, l'homme du sacrifice, le brave entre les braves, l'élu entre mille, c'est bien l'homme aux vertus héroïques, c'est bien l'apôtre, et s'il vient à succomber dans la lutte, c'est bien le martyr digne en ce monde de tout respect et de toute considération.

— Et dans le ciel d'une gloire immortelle, ajoutai-je.

— Moi aussi, reprit le colonel, je vous dirai merci. Un missionnaire sera désormais pour moi le type de l'abnégation, du courage et de la vertu. »

Ainsi finit notre entretien sur les missionnaires martyrisés en Corée au mois de mars 1866. Une demi-heure de discussion avait suffi pour nous mettre d'accord. La vérité, un moment voilée par le préjugé, s'était fait jour dans l'âme pleine de loyauté de mes interlocuteurs.

Du nombre des martyrs coréens a été Henri Dorie, natif de Saint-Hilaire-de-Talmont, arrondissement des Sables-d'Olonne, canton de Talmont (Vendée). J'ai entrepris d'écrire sa vie. Cette vie a été courte, mais elle a été admirablement remplie. Le séminariste, le prêtre, le missionnaire trouveront en lui un modèle, et les simples fidèles puiseront dans ses exemples un grand encouragement à la vertu. C'est lui qui nous a révélé ses pensées les plus intimes; il s'est peint lui-même dans ses lettres. Cent-dix, dont plusieurs sont de huit et même de dix pages, écrites de 1862 à 1865 inclusivement, sont passées sous mes yeux. Ces lettres ne dénotent pas un littérateur brillant, mais elles sont celles d'un prédestiné qui, à partir du commencement de ses humanités, ne s'écarta jamais de la ligne qu'il s'était tracée, et qui eut le secret d'être un saint sans qu'il en parût rien d'extraordinaire au dehors. La sainteté fut un trésor qu'il cacha précieusement au fond de son cœur. Les lettres en question, qui n'étaient que pour quelques amis seulement, soulèvent un coin du voile qui en dérobait la vue aux regards du public. Il leur confie une partie des richesses de son âme. Ce sont les paillettes d'or que j'y ai recueillies qui formeront, en partie, la matière de cette brochure. Ce livre est donc aussi bien l'œuvre du P. Dorie que la mienne. Ce sera lui, en effet, qui parlera souvent dans ce volume que je consacre à sa mémoire. Si, pour livrer à l'impression des phrases correctes, je me suis vu forcé, à de rares intervalles, de substituer un mot à un autre, je n'en ai jamais changé ni le sens ni l'esprit.

Une dernière observation, à l'adresse de quelques-uns de mes lecteurs. Le seul titre de ce livre consacré à un martyr vous ferait-il, par hasard, sourire de pitié? Lisez-le quand même. Avez-vous quelques préjugés contre l'apostolat catholique? Etudiez-le dans la personne d'Henri Dorie; je suis convaincu que, reconnaissant bientôt votre erreur, vous aurez la franchise de vous écrier à la fin, comme mon lieutenant de vaisseau : « Le missionnaire, c'est bien l'homme aux vertus héroïques, c'est bien l'apôtre, et s'il vient à succomber, c'est bien le martyr digne, en ce monde, de tout respect et de toute considération. » Et, aussi, comme mon colonel : « Le missionnaire est le type de l'abnégation, du courage et de la vertu [1] ».

1. Monseigneur l'Évêque de Luçon, après avoir pris lecture de l'*Introduction*, écrivit à l'auteur le 6 janvier 1867 :

« Votre *Introduction* est pleine d'intérêt et de tact dans la réfutation des objections contre l'apostolat catholique. »

(*Note de l'éditeur.*)

PROTESTATION.

—

Je déclare et proteste ici que si dans les pages de ce livre j'ai employé quelquefois les dénominations de *confesseur*, de *martyr*, de *reliques*, etc., je ne m'en suis servi que pour la commodité du discours, et, qu'en cela, comme en tout ce que je raconte, je n'entends nullement prévenir le jugement de la sainte Église romaine, dont je veux toujours être le fils dévoué et soumis.

BAUDRY, *prêtre*.

VIE

DE

HENRI DORIE.

CHAPITRE PREMIER.

SAINT-HILAIRE-DE-TALMONT. — FAMILLE DORIE. — CARACTÈRE D'HENRI. — SA PREMIÈRE COMMUNION. — LE PETIT SÉMINAIRE DES SABLES-D'OLONNE. — TÉMOIGNAGE RENDU PAR SES MAITRES. — PREMIERS GERMES DE VOCATION APOSTOLIQUE.

Le P. Dorie eut pour berceau Saint-Hilaire-de-Talmont. Cette commune, qui fait partie de l'arrondissement des Sables-d'Olonne, est bornée à l'est par Saint-Hilaire-la-Forêt et Poiroux, au nord par Grosbreuil et Sainte-Foy, à l'ouest par le Château-d'Olonne, au sud par Jard, Saint-Vincent-sur-Jard et l'océan Atlantique. La petite ville de Talmont, jadis capitale d'une principauté qu'ont rendue célèbre, dans l'histoire profane, Savari de Mauléon, au commencement du XIIIe siècle, Louis II de la Trémoille au milieu du XVIe, et dans les annales hagiologiques, Françoise d'Amboise, récemment déclarée Bienheureuse, est enclavée et comme perdue dans l'immense périmètre de Saint-Hilaire, qui n'a pas moins de 56 kilomètres de circonférence et de 9,000 hectares environ de superficie. Distant seulement de 1,200 mètres de l'ancien château-fort de Talmont, le hameau de Saint-Hilaire en est comme la paroisse rurale. Mais ses habitants, attachés du fond de leurs entrailles à leur église et à leur cimetière, ont su conserver leur autonomie et leur indépendance, et leurs intérêts, tant au temporel qu'au spirituel, ne sont mêlés en aucune manière avec ceux de la cité. Heureuse paroisse qui a eu, par-dessus tout, l'honneur de donner le jour à un missionnaire apostolique et à un martyr !

Henri Dorie naquit au Port-de-Jard, sur le bord du chenal du Pairé, à un kilomètre du havre de même nom, et à cinq kilomètres du chef-lieu. Il était fils de Pierre Dorie et de Geneviève Bignoneau. Son père, qui fut toujours fidèle à remplir chaque année ses devoirs de chrétien, était un honnête cultivateur, vivant dans sa petite propriété et aussi fermier de M. le comte de Bessay de Grosbreuil ; sa mère était l'une de ces femmes exemplaires qui savent, avec le lait, faire sucer à leurs enfants l'amour de la vertu.

Du mariage de Pierre Dorie et de Geneviève Bignoneau naquirent huit enfants, deux jumeaux qui montèrent au ciel après avoir été régénérés sur les fonts sacrés, Pauline, Célinie et Clémentine qui épousèrent plus tard, la première Ferdinand Faivre, la seconde Aimé Carail, la troisième Louis Louvrier, préposé de douane, plus Henri, Pierre et Armance.

Cette famille, aux mœurs simples et douces, serait, comme tant d'autres, restée dans l'oubli, si Dieu ne l'avait pas jugée digne d'être illustrée par l'un de ses membres, par Henri, missionnaire en Corée, où il est mort pour la foi.

Henri, qui était le sixième rameau dans l'arbre généalogique, reçut le saint baptême le jour même de sa naissance, le 23 septembre 1839. Ceux qui l'ont connu d'une manière plus particulière disent qu'il ne fut point initié, dans son bas âge, aux maximes corrompues du monde. Le monde ! il le fuyait ;

on le vit souvent, quand il fréquentait l'école, passer à travers champs pour éviter une mauvaise compagnie. On ne l'entendit jamais proférer aucun jurement. Il était naturellement timide, mais d'une timidité qui n'excluait pas la jovialité. Ennemi du bruit et du tapage, il avait toutes les grâces de l'enfance, sans en avoir ni la pétulance ni les autres défauts. Il était réservé dans ses paroles et retenu dans son maintien. Un sourire aimable courait sur ses lèvres, et il se faisait remarquer par une douceur pleine de suavité. On l'aimait à cause de sa mansuétude et de la régularité de sa conduite.

Le physique d'Henri ne brillait ni par sa haute stature, ni par la force de ses muscles. Sa taille était presque au-dessous de la moyenne; son teint, plutôt blême que coloré, et sa constitution frêle et délicate annonçaient un tempérament faible et peu de santé. Qui aurait cru que sous cette écorce si fragile battait un cœur d'apôtre, le cœur d'un martyr! C'était pourtant pour cette noble carrière que Dieu l'avait prédestiné de toute éternité!

Il fut admis à faire sa première communion

avant d'avoir atteint sa dixième année. Il s'y était préparé de longue main par la fuite du péché, par une pureté angélique et par l'exercice souvent répété de la prière. Ce fut le 24 juin 1849 que le Dieu de l'Eucharistie, pour lequel il devait plus tard verser son sang, descendit pour la première fois dans son cœur. Il en prit possession et s'en empara comme d'un héritage qui lui était acquis pour toujours. L'année suivante, il reçut, avec une ferveur nouvelle, le même Dieu, à l'époque de sa seconde communion. L'abbé Cornuau, nommé depuis peu curé de la paroisse, acheva, dans cette circonstance, sa première éducation religieuse. C'était un futur missionnaire qui, sans s'en douter, en formait un autre aux vertus chrétiennes qui, dans un temps donné, devaient s'épanouir et se changer en vertus apostoliques. L'ange de Saint-Hilaire inspira en effet bientôt après à ce digne prêtre la pratique des conseils évangéliques, et on le vit renoncer à l'honneur de diriger le troupeau qui lui avait été confié, pour entrer dans la Compagnie de Jésus.

L'esprit qui avait soufflé dans l'âme du Pasteur ne tarda pas à parler au cœur d'Henri, son disciple. Déjà il avait déposé en lui, au foyer paternel, le germe des vertus sur lesquelles les Saints bâtissent leur édifice spirituel, la douceur et l'humilité. A la Table sainte, il y avait gravé en traits ineffaçables, avec le sang même du céleste Agneau, l'amour de Dieu qui rend l'homme fort comme la mort. Enfin, dans la Confirmation que lui avait conférée Mgr Baillès, le 26 mai 1852, ce même esprit lui avait communiqué la plénitude des dons célestes.

Quelle vocation allait, après cela, embrasser Henri Dorie? Né d'un père laboureur, privé des dons de la fortune, que pouvait-il prétendre, sinon arroser, comme lui, de ses sueurs les quelques sillons que lui avaient légués ses ancêtres? Ah! c'est là qu'il faut reconnaître le doigt de Dieu! Mais laissons parler M. l'abbé Boulanger, curé du Sableau, vicaire de Saint-Hilaire au commencement de 1852. « Henri Dorie, nous a-t-il écrit le 12 décembre 1866, était alors enfant de chœur. Je fus frappé de la piété et de la modestie de ce jeune clerc. Son caractère doux et toujours égal me charma, et le bon Dieu m'inspira bientôt la pensée de lui proposer d'entrer au séminaire. Il me répondit qu'il serait heureux de pouvoir le faire et que son désir était bien d'être prêtre. Je fis part de ses intentions à ses parents qui en parurent enchantés ; mais comme ils étaient dans l'impossibilité de supporter les frais de son éducation, je fis agir sa mère auprès de M. de Bessay, dont je connaissais la générosité et le noble cœur. Je lui écrivis moi-même une lettre dont la réponse fut un engagement de sa part de payer sa pension. »

M. le comte, après avoir pris conseil de M. l'abbé de Bessay, chanoine honoraire à Luçon, son frère, consentit, en effet, à faire cette bonne œuvre, ce qui permit à Henri d'entrer au mois d'octobre 1852, d'abord à la Bauduère, succursale du petit séminaire des Sables-d'Olonne, puis au petit séminaire lui-même, pour n'en sortir qu'à la fin de ses humanités, au mois d'août 1860. Ah ! si le verre d'eau froide donné à un pauvre pour l'amour de Dieu recevra au ciel sa récompense, que sera-ce de l'aumône qui a fourni un missionnaire à la Corée et un martyr à l'Église !

Que dirons-nous maintenant du séjour

d'Henri à la Bauduère et aux Sables? Sa conduite y fut irréprochable. Qu'est-ce qu'un petit séminaire pour un jeune homme qui se destine à la prêtrise, sinon une arène où, pendant huit années, il soutient des luttes journalières et s'exerce à remporter de paisibles victoires : luttes de l'esprit, dans lesquelles il triomphe des difficultés que lui oppose l'étude des langues qui doivent meubler sa mémoire; luttes du cœur, où les passions de la jeunesse vaincues lui servent de piédestal pour atteindre la couronne sacerdotale; luttes du caractère, où les imperfections elles-mêmes, triste alliage d'une nature tombée, se changent en l'or le plus pur.

Le séminaire fut cela, et rien que cela pour Henri Dorie. Nous avons fouillé les cartons qu'il a laissés dans sa modeste cellule du Port-de-Jard et nous y avons trouvé quelques listes de compositions sur lesquelles il était inscrit en tête, ce qui prouve que s'il ne fut en littérature qu'un sujet ordinaire, il obtint, au moins, de temps à autre, quelques palmes dans la science des langues grecque et latine, juste récompense de son assiduité et de son travail. Mais la couronne qu'il ambitionna toujours le plus fut celle de la sagesse. Ses supérieurs proclamèrent souvent qu'il était digne d'en ceindre son front. Témoins ces *billets d'honneur* en assez grand nombre (nous les avons sous nos yeux) qui lui avaient été délivrés en diverses circonstances, en présence de ses condisciples, comme une marque de *satisfaction générale*. C'était dire à tous qu'ils n'avaient que des éloges à lui donner pour sa piété, son travail, son caractère et ses rapports de société avec les élèves et avec les maîtres. Au reste, voici en quels termes un de ses anciens et vénérés supérieurs, M. l'abbé Laporte, parle de cette première période de sa vie de séminariste : « *Sicut lilium et balsamum aromatizans odorem dedi (in seminario Secorenci).*

« Avec cette ligne de l'Ecclésiastique, nous écrivait-il le 30 septembre 1866, il me semble que l'on peut assez facilement résumer les huit ans que notre glorieux martyr a vécu au petit séminaire des Sables. J'ai eu le bonheur de le voir et de l'aimer comme un enfant de bonne espérance pour la sainte Eglise, et, sans aucune crainte d'être démenti par personne, je suis heureux de vous attester que notre cher Henri Dorie, par l'aménité de son caractère et par une piété tout à fait aimable, mérita constamment l'estime et l'affection de ses maîtres et de ses condisciples. »

Ses condisciples, consultés à leur tour, ont acclamé ce témoignage comme l'expression de la vérité, et ses professeurs, au nombre de cinq, nous ont assuré qu'Henri fut toujours exemplaire et le modèle de sa classe.

La vocation apostolique, arrivée à sa maturité, prend les proportions d'un grand arbre et couvre des régions entières d'infidèles de ses rameaux bienfaisants ; mais, dans le principe, c'est un grain de sénevé que Dieu dépose dans le cœur dont il a fait choix, dans le lieu et à l'heure qu'il lui plaît. Dieu sema ce grain béni dans l'âme d'Henri au petit séminaire des Sables, pendant son année de sixième, c'est-à-dire en 1855. Il n'avait guère que quinze ans. Il a avoué, depuis, que la pensée des missions étrangères s'était tellement gravée dans son cœur, à cette époque de sa vie, qu'il lui fut aussi impossible, après, de ne pas tendre vers ce but, qu'il est impossible au ruisseau de ne pas courir vers la mer qui est le centre de son repos. Une loterie s'étant faite au petit séminaire, la Providence permit qu'il gagnât la collection complète des *Annales de la Sainte-Enfance*. Il en fit sa lecture favorite, et il y puisa un goût de plus en plus vif pour les grandes missions d'Orient.

Il prit dans ces dispositions l'habit ecclésiastique et fit son entrée au grand séminaire de Luçon au mois d'octobre 1860.

CHAPITRE DEUXIÈME.

HENRI AU GRAND SÉMINAIRE DE LUÇON. — SON ASSIDUITÉ AU TRAVAIL. — SES VERTUS. — LA TONSURE. — LES ORDRES MINEURS.— SON ADMISSION AUX MISSIONS-ÉTRANGÈRES.

Si le petit séminaire forme l'esprit, le cœur et le caractère de l'aspirant au sacerdoce, le grand séminaire achève son éducation cléricale. Aux fleurs de la rhétorique et aux jeux folâtres de l'imagination succède pour lui l'étude plus aride, mais aussi plus sérieuse et plus utile de la philosophie et de la théologie. C'est au grand séminaire qu'il forge les armes avec lesquelles il devra combattre plus tard, et l'impiété que l'esprit de Satan souffle dans le monde, et l'hérésie et le schisme qui déchirent le sein de l'Église et le vice qui déborde de toute part et sème la corruption dans les âmes. Là il n'y a plus d'enfance, de jeunesse même, c'est l'âge viril qui commence ; on en sort prêtre, c'est-à-dire homme mûr, homme ancien, *presbyter*, pour parler le langage canonique. Le séminariste est séparé du monde non-seulement par les hautes murailles qui entourent sa cellule, mais encore, et surtout, par l'habit qu'il porte, qui est comme un linceul de mort qui le couvre de la tête aux pieds, par le silence qu'il garde presque du matin au soir, et par la solitude profonde dans laquelle il est comme enseveli.

Telle fut l'idée qu'Henri s'était formée du grand séminaire. Il y mit le pied avec la volonté ferme de s'instruire et de devenir un saint. Ses condisciples et ses maîtres sont là pour nous dire qu'il atteignit ce double but pendant les deux ans qu'il vécut au milieu d'eux.

Dieu ne lui ayant pas donné des talents extraordinaires, il y suppléa par une étude consciencieuse qui lui permit de répondre d'une manière satisfaisante aux examens qu'il eut de temps en temps à subir en public. L'étude de l'Ecriture sainte, en particulier, fut pour lui pleine de charmes, et il en grava dans sa mémoire un grand nombre de textes, que nous retrouvons, de temps à autre, dans ses pieuses lettres, où il les enchâssait comme autant de perles précieuses.

Deux choses l'aiguillonnaient dans son travail : Dieu qu'il avait toujours présent à la pensée, et les missions qui devaient être le couronnement de ce travail. C'est ce que nous ont répété plusieurs de ses condisciples, entre autres, M. l'abbé Eugène Bély, aujourd'hui secrétaire de Monseigneur, l'un de ses amis les plus intimes. Il nous écrivait le 22 octobre 1866 : « Que vous dirai-je de la manière dont il employait son temps à l'étude? Il est certain qu'il travaillait sérieusement. S'il eut toujours une place honorable dans sa classe, il ne le dut qu'à son application continuelle, ses talents n'étant qu'ordinaires. Le motif en était surnaturel, il voyait Dieu dans son travail.

« Il avoua un jour qu'ayant compté les élévations de son cœur à Dieu dans une seule journée, il en avait trouvé plus de deux cents. C'était dire qu'il ne perdait pas de vue sa présence, précieuse vertu à qui l'éternelle vérité n'a pas promis moins que la perfection : *Ambula coram me et esto perfectus* [1].

« Le grand désir qu'il avait de répondre à sa vocation lui donnait aussi une vive ardeur

1. Gen., XVII, 1.

pour l'étude : il voulait être missionnaire et il travaillait pour aguerrir son âme aux grandes luttes qui l'attendaient et dans sa famille et sur la terre étrangère. »

Si Henri faisait chaque jour quelques progrès dans la science ecclésiastique, il enrichissait aussi son âme des trésors de la vertu. Les maîtres de la vie spirituelle comparent la perfection à une montagne qui s'élevant du sein d'une plaine se perd dans les nuées du ciel. Tandis que le pécheur court la voie large qui conduit à la perdition, le juste gravit péniblement l'étroit sentier qui mène au sommet de la sainteté. Il y marche d'un pas d'autant plus assuré que le fardeau qu'il tient de sa nature corrompue est moins lourd. Henri profita de son séjour au grand séminaire pour achever de se dépouiller du *vieil homme*, afin d'arriver plus facilement et plus sûrement dans cette atmosphère élevée où la terre disparaît, en quelque sorte, pour faire place aux horizons plus larges où l'*homme nouveau* ne voit plus que le ciel et Dieu.

Il commença par régler son extérieur en pratiquant la modestie, vertu qui emprunte à toutes les autres le parfum qu'elle répand autour d'elle. Ses conversations étaient exemptes de reproche. « Je n'y ai jamais rien remarqué, a écrit son ami Eugène, qui fût contraire à la charité, à la modestie chrétienne, à la gravité et à la tenue ecclésiastique ; elles étaient simples, candides comme lui, aimables et pieuses comme celles des saints. Il avait le talent de parler de Dieu sans rien ôter à son caractère de son enjouement et de sa gaieté. C'est surtout dans le lieu saint que brillait en lui la vertu de modestie. Je n'oublierai jamais, continue-t-il, son maintien pieux et grave, lorsqu'il traversait, les mains croisées sur la poitrine et les yeux inclinés vers la terre, la chapelle du séminaire ; son recueillement profond et suave pendant la célébration de l'auguste sacrifice et son angélique ferveur dans les moments qui suivaient la sainte communion. Un sourire extatique courait sur ses lèvres, ses yeux se fermaient aux choses extérieures, pour que son âme contemplât à son aise Jésus, et sa tête s'inclinait comme pour recevoir de lui le baiser d'amour. »

Quant à l'intérieur du jeune élève du sanctuaire, Dieu seul a le secret des degrés qu'il monta dans l'échelle de la sainteté. Qui pourrait raconter, en effet, les opérations mystérieuses du divin Esprit illuminant cette âme, la pétrissant de nouveau, si je puis m'exprimer ainsi, la façonnant à son image et opérant pour elle la glorieuse transformation dont le cénacle fut témoin pour les premiers apôtres !

Qui nous dira les élans de son cœur, la vivacité de sa foi, son abandon filial en la Providence, les ardeurs de sa charité, la promptitude de son obéissance, son amour pour la pénitence, son zèle pour le salut des âmes et ses aspirations pour le martyre ? Son premier moniteur au grand séminaire, M. l'abbé Lévêque, c'est-à-dire celui qu'il avait choisi pour être le confident de ses pensées, nous a assuré par écrit que toutes ces vertus se trouvaient, à un haut degré, dans le cœur d'Henri. Il admirait, dans les épanchements qu'il avait avec lui, la générosité naïve de ses sentiments qui, en dernière analyse, étaient tous pour Dieu, et la confiance sans borne qu'il avait en saint Joseph et en la sainte Vierge. Il nous apprend qu'il demandait à saint Joseph l'intelligence de la croix, et à la sainte Vierge une santé assez forte pour pouvoir travailler un jour, au prix de son sang, à la conversion des infidèles. « Souvent, dit-il, il m'a entretenu du désir qu'il avait de mourir martyr. Je ne puis célébrer la sainte messe sans penser que ce cher condisciple offrait tous les jours à Notre-Seigneur le sacrifice de sa vie. »

« Je remarquai bien vite en ce bon ami, dit à son tour M. l'abbé Eugène, pendant son séjour au grand séminaire, cette grandeur d'âme, cette élévation de pensée, cette ardeur de piété et cet amour fort comme la mort, dont un peu plus tard il devait faire preuve, en se consacrant aux missions lointaines et en donnant sa vie pour son Dieu. Un jour qu'on avait lu au réfectoire le martyre de sainte Félicité, nous passâmes ensemble le temps de la récréation. Notre conversation roulait depuis un quart d'heure sur le courage de cette Sainte, lorsque, m'interrompant tout à coup, il me dit avec une joie et une assurance naïves qui trahissaient la vivacité de ses désirs : « Quel bonheur de donner ainsi sa vie pour Jésus-Christ ! puis, c'est si tôt fait... On arrive si vite au ciel ! »

Le directeur d'Henri, M. l'abbé Guitton, a bien voulu ajouter son témoignage à celui de ses anciens condisciples. Il nous a dit qu'il s'était aperçu, surtout pendant une promenade, que le récit des tortures inouïes endurées au Tonkin par nos missionnaires, il y a quelques années, l'avait laissé calme et impassible. Il avait sur les lèvres un sourire de convoitise, tandis que d'autres éprouvaient, comme malgré eux, l'horreur du frisson.

Mais laissons parler Henri lui-même, et écoutons ce qu'il racontait des sentiments qui se pressaient dans son cœur à une époque où il était encore élève du grand séminaire. Nous les trouvons dans un projet de lettre recueillie dans ses papiers au Port-de-Jard, et écrite probablement au moment de son départ pour Paris ; comme elle est de sa main, nous avons tout lieu de croire qu'elle est de lui, quoiqu'il ne l'ait pas signée. Ce qu'il y a de certain, c'est qu'elle rend parfaitement sa pensée.

« Je suis froid comme la glace, écrivait-il ; j'envisage tous les sacrifices que j'ai à faire avec ma foi et ma raison, et non avec le zèle et l'enthousiasme de l'amour. Il y a deux ou trois mois, mon Roi Jésus travaillait en mon cœur d'une manière plus tendre et avec une suavité qui n'a rien de comparable sur la terre. Aujourd'hui il me semble qu'il se cache à moi et il veut que je le cherche à mon tour. Je le chercherai donc, je quitterai tout pour me mettre à sa poursuite, j'irai dans son sanctuaire le plus chéri, et je le trouverai. Mais si, malgré mes recherches, il veut encore se voiler à mon amour, du moins je serai à la première ligne de ses combattants, sous ses étendards, parmi ses soldats d'élite, et armé de la foi toute seule, j'irai planter la croix ou mourir. O cher ami, qu'il est consolant de servir le bon Roi Jésus de près, de très-près, parmi sa troupe choisie ! Que l'on m'apporte quelque chose de comparable en ce monde, c'est impossible, parce que le sacrifice fait pour Dieu revêt un caractère de bonheur qui ne se trouve point ailleurs. Tout ce qui passe entraîne nécessairement quelques regrets; plus une vie est longue, plus elle compte de soucis, parce qu'elle voit une plus grande ruine d'illusions. Je veux éviter ces regrets qui sont le tourment non-seulement des indifférents, mais encore de ces chrétiens qui veulent associer l'esprit du monde avec celui de Jésus-Christ. Je veux me donner tout entier à Jésus-Christ, travailler, souffrir toute ma vie et mourir pour lui et pour la propagation de son règne sur la terre, parce que les fruits que produisent ces œuvres sont pour l'éternité et qu'elles n'amènent que des jouissances au lieu de chagrins. Ce n'est pas même assez de dire que je veux souffrir, mais je veux souffrir beaucoup, et tous les jours; je veux prier mon bon Maître de ne pas me négliger, et vous devez aussi le demander pour moi. En effet, c'est encore là, chez moi, de la conviction et non de l'enthousiasme; le zèle ne se soutient que par les épreuves continuelles, de même que les soldats les plus aguerris sont ceux qui ont été le plus exercés par tous les genres de fatigues. La souffrance est l'aiguillon qui nous presse quand nous voudrions nous arrêter, et qui nous force d'aller, haletant en quelque sorte, au but, qui est le ciel. Les souffrances sont utiles, nécessaires à un apôtre.

« Telles sont les pensées de mon cœur, elles se réduisent toutes à ce seul principe de foi : *Quid ad salutem ?* Les pensées de la foi, oh ! qu'elles sont solides ! Les froideurs, les dégoûts, les délaissements intérieurs n'ébranlent jamais ses fondements, *et venerunt flumina et flaverunt venti et irruerunt in domum illam et non cecidit, fundata enim erat super petram* [1].

« Adieu ; au ciel il n'y aura plus de séparation, et même sur cette terre il ne peut pas y en avoir, si nous le voulons bien. Je veux vous voir bien souvent dans le Cœur sacré de mon doux Jésus, le Roi de mon cœur : c'est là que je vous donne rendez-vous. »

Le martyre ! c'est l'héroïsme de l'apostolat. Pour y atteindre, il faut, sauf un miracle, un long exercice des vertus chrétiennes. C'est à quoi s'exerça Henri pendant son grand séminaire. Il s'appliqua surtout à mortifier ses sens. Plusieurs de ses condisciples nous ont assuré qu'il mangeait ordinairement, surtout la seconde année, son pain sec au déjeuner, non que la pauvreté de ses parents lui en fît une obligation ; ses parents, au contraire, et ses bienfaiteurs allaient toujours au-devant de ses besoins ; mais par esprit de pénitence.

Il couchait aussi quelquefois tout habillé et enveloppé dans la couverture de son lit, sur

1. Matth., VII, 25.

le plancher de sa cellule. Seulement, d'après les informations que nous avons prises à ce sujet, il paraît certain qu'il ne le faisait qu'avec l'agrément de son directeur, pour avoir le mérite de l'obéissance et ne pas sortir de son chef de la voie commune tracée par la Règle.

Cet esprit de mortification le suivait jusqu'au milieu des plaisirs si légitimes que font naître les vacances. Quand il s'agit de lui construire au Port-de-Jard une petite chambre de douze pieds carrés, dans le grenier de la maison, son père voulait la porter sur la rue pour lui donner un sujet de distraction; il ne voulut jamais y consentir. Il préféra qu'elle fût placée au côté opposé, où il n'avait pour toute vue qu'un pâté informe de toits solitaires.

« Là, disait-il, avec un gracieux sourire, le monde ne me troublera pas, et je prierai Dieu avec plus d'attention et de ferveur. »

Il visita, pendant ses vacances de philosophie, l'abbaye de la Trappe de Belle-Fontaine. Le prêtre zélé qui l'accompagna dans ce pèlerinage nous a répété plusieurs fois qu'il puisa dans ce sanctuaire de la pénitence un amour de plus en plus grand pour cette vertu.

Nous remarquons, même dans ses lettres, les progrès qu'il y faisait chaque jour. La première année de son grand séminaire, il était friand de nouvelles; il en demandait assez souvent à ses parents et à ses amis. Il écrivait à son père le 31 novembre 1860 : « Comment va le commerce ? Le vin est-il cher ? Le blé est-il cher ? Vous ne me donnez jamais des nouvelles du pays ! Je voudrais tout savoir. » La seconde année, au contraire, de plus grandes pensées l'agitent, et il oublie facilement le monde. « Je ne m'occupe guère de nouvelles, disait-il à sa famille le 22 mars 1862. Pour que je sache quelque chose, il faut qu'on me le dise, je ne demande jamais rien. »

Un des fruits de la mortification chrétienne est le détachement des parents. Il s'y exerça surtout pendant la dernière année qu'il passa à Luçon. On lui annonce le mariage de sa sœur Clémentine avec M. Louvrier, préposé de la douane; aussitôt il écrit à son père et à sa mère, c'était le 27 avril 1862 : « Vous arrangerez les affaires comme vous voudrez ; je ne m'en occupe point ; faites ce que vous voudrez ; pour moi je demeurerai tranquille ; désormais je n'appartiens qu'à Dieu. Dites-moi seulement le jour des noces, et cela me suffit. Ne vous inquiétez plus de me voir ; laissez-moi comme si je n'étais plus de la maison ; je me consacre à Dieu pour jamais. » Cependant, quelle tendresse n'avait-il pas pour sa famille ! Il en aimait tous les membres, et il voulait en être aimé. Répondant aux vœux de bonne année que son frère lui avait envoyés le 1er janvier 1861, il lui disait. « Je suis sensible à de si beaux souhaits. Oui, mon cher Pierre, je n'ai pu m'empêcher de pleurer en lisant ta lettre, car tu montres bien combien tu m'aimes. Aime-moi toujours ainsi, et toujours tu seras aimé de ton parrain. » Il disait à peu près la même chose à sa jeune sœur Armance, et il terminait par ces mots : « Pour vos étrennes, mes bons petits frères, je vous les donnerai plus tard, vous ne perdrez rien pour attendre ». L'amour qu'il avait pour ses proches était si vif et si apparent que ceux qui n'avaient pas le secret de ses pensées supposaient qu'il n'aurait jamais le courage de s'arracher à leur amitié. Il n'en était rien pourtant, l'amour de Dieu devait l'en faire triompher un jour.

En attendant l'heure fixée par la Providence, Henri commença, en 1862, à donner aux auteurs de ses jours des conseils et des avis. « Cher papa et chère maman, leur écrivait-il le 22 mars 1862, Pâques arrive, je n'ai pas besoin, grâce à Dieu, de vous recommander d'aller à confesse. Je vois avec plaisir que vous aimez à remplir votre devoir et que vous donnez l'exemple à vos enfants. Continuez. Allez à la communion même plus souvent si vous le pouvez, c'est là que vous trouverez la paix et le bonheur. Et vous, mes sœurs, et toi, mon pauvre petit Pierre, continuez aussi, et vous serez heureux. »

En soufflant dans l'âme de ses proches le feu sacré qui le dévorait, Henri se dédommageait de la violence qu'il faisait à son cœur en mettant des bornes à ses affections naturelles et en en faisant la matière d'un holocauste qu'il allait bientôt offrir à Dieu.

Il était entré dans la cléricature le 21 décembre 1861, et il avait reçu les ordres mineurs le 14 juin de l'année suivante. Un petit nombre de personnes étaient initiées au projet qu'il avait conçu d'entrer, cette même année, dans la Congrégation des Missions-Étrangères, à Paris. Cependant il ne devait pas tarder à l'exécuter. Son directeur, après une épreuve de dix-huit mois, apostilla la lettre de demande qu'il écrivit au mois de mai au supérieur de cette sainte maison pour en solliciter l'entrée ; il la porta lui-même à la poste pour ne pas éveiller de soupçons. La réponse ne se fit pas attendre ; elle était favorable. Le pieux Séminariste fut au comble de la joie, mais de cette joie concentrée qui ne se communique qu'à un petit nombre d'amis. L'un d'eux avait, dès les vacances de 1861, commis une indiscrétion qui était parvenue aux oreilles de ses parents et les avait jetés dans une inquiétude profonde ; mais les nuages s'étaient un peu dissipés, grâce aux bienveillantes attentions du fils et à ses protestations d'amitié. Le moment approchait où la plaie, à peine fermée, allait se rouvrir, et où le nouvel apôtre allait faire preuve d'un courage surhumain pour briser les liens qui l'attachaient à la Vendée et au diocèse de Luçon.

CHAPITRE TROISIÈME.

SIX SEMAINES DE LUTTES. — ENTREVUE D'HENRI AVEC MONSEIGNEUR L'ÉVÊQUE DE LUÇON. — SES ADIEUX A SA FAMILLE. — SON DÉPART ET SON ARRIVÉE A PARIS.

Henri quitta le grand séminaire de Luçon au commencement du mois de juillet 1862 ; c'était l'époque des vacances. Pour se préparer aux fatigues de l'apostolat, il voulut faire à pied, par une chaleur de 25 à 30 degrés, les 38 à 40 kilomètres qui le séparaient du toit paternel. Il lui restait six semaines à donner à ses amis ; ce furent six semaines de luttes et de combats. Dieu le permit ainsi pour exercer sa patience et épurer sa foi.

Voyageant un jour avec un officier de la douane, celui-ci fit tout ce qu'il put pour le détourner de sa vocation ; tout fut inutile. L'officier, étonné de sa constance et de son aplomb, dit à cette occasion à M. Louvrier : « Votre beau-frère a une foi à toute épreuve et une volonté comme je n'en ai guère rencontré. J'en ai battu plus d'un dans ma vie par mes raisonnements, mais j'ai perdu avec lui mon temps et ma peine. » Ce n'était là pour Henri qu'une faible escarmouche dont il lui fut aisé de sortir victorieux ; mais comment put-il espérer de vaincre, quand il vit se dresser contre lui les trois puissances les plus fortes de l'ordre moral après celle de la conscience, c'est-à-dire ceux à qui il devait, en toute autre circonstance, l'obéissance et la soumission : son bienfaiteur, son pasteur et sa famille ! Seul et sans appui, était-il de force, humainement parlant, à se mesurer avec eux ? Non ; cependant il osa. Armé du bouclier de la foi et soutenu par la grâce, il ne fut ébranlé ni par les objections des uns, ni par les prières et les larmes des autres, et il resta maître du champ de bataille, de manière qu'il put dire, comme saint Paul : « *Je puis tout en celui qui me fortifie. Omnia possum in eo qui me confortat* [1]. »

Henri était redevable de son éducation à M. le comte de Bessay. Pénétré de reconnaissance pour ce généreux bienfaiteur, il l'in-

1. Phil., IV, 13.

forma un des premiers de la résolution qu'il avait prise de se faire missionnaire. Il lui écrivit le 3 juillet :

« Monsieur le Comte,

« Depuis longtemps je sens dans mon cœur l'ardent désir de me dévouer tout entier au salut des idolâtres. Je n'ai pas le courage d'abandonner ces âmes créées à l'image de Dieu, rachetées au prix infini du sang de Jésus-Christ, ces âmes pour lesquelles Notre-Seigneur mourrait encore, s'il le fallait. Aussi, est-ce en ce but que je viens aujourd'hui vous demander la permission de partir pour les missions étrangères. Vous avez beaucoup fait pour moi, Monsieur le Comte, et jamais je ne saurais trop vous en remercier ; mais je crois que je ne pourrais mieux le faire qu'en me dévouant ainsi. Ce sera vous qui, après Dieu, serez la cause principale de la conversion des pauvres infidèles. Si Dieu permet, comme je l'espère, que je sauve les âmes de quelques sauvages, ces âmes, arrivées au ciel, vous reconnaîtront pour leur père spirituel et intercéderont pour vous auprès du trône de la Majesté suprême. Quant à moi, je suis un vil instrument, mais qu'importe? Plus l'instrument est vil, plus Dieu sera glorifié.

« Veuillez croire, Monsieur le Comte, que je ne cède point à un moment d'enthousiasme, mais bien à une idée arrêtée, profondément méditée et nourrie depuis de longues années. Je serais trop heureux d'avoir votre consentement. Daignez, pour la gloire de Dieu et l'extension du règne de Jésus-Christ, acquiescer à mon humble demande. Avec votre consentement, je partirai joyeux pour le séminaire des Missions-Étrangères, où je suis admis depuis quelque temps.

« Agréez l'assurance des sentiments respectueux de celui qui se fera toujours un bonheur de se dire,

« Monsieur le Comte,

« Votre très-reconnaissant et très-humble enfant,

« H. Dorie. »

Henri ne se contenta pas d'écrire cette lettre, il fut lui-même en personne, quelques jours après, trouver M. de Bessay, à son château de la Benatonnière, et il l'entretint de vive voix de son projet de départ pour la capitale. Le comte n'était pas de son avis ; sa résolution l'étonnait, l'affligeait même, non qu'il fût opposé aux missions : la propagation de la foi est, au contraire, l'une des œuvres qu'il soutient de ses aumônes, il en connaît tout le prix ; mais la complexion maladive de son protégé ne lui semblait pas en rapport avec ses désirs. Plus la vocation était sublime, plus il la trouvait au-dessus des forces physiques du sujet qui voulait l'embrasser. Il craignait que son courage ne fût de l'audace, et qu'au moment du danger l'âme n'éprouvât le contre-coup des défaillances du corps. M. le comte avait pour lui toutes les apparences de la raison, mais il est écrit que Dieu, pour se jouer de la sagesse humaine, fait choix des instruments les plus faibles pour vaincre le monde et terrasser les puissances de l'enfer : *infirma mundi elegit Deus ut confundat fortia* [1]. Cette parole sera vraie jusqu'à la fin des siècles. La résolution d'Henri étant irrévocable, le comte ne put

1. I Cor., I, 27.

que lui dire : « Pars donc, mon cher enfant, puisque tu le veux, et que Dieu t'accompagne ! »

Aux oppositions motivées de M. de Bessay vinrent se joindre celles du pasteur de sa paroisse natale. Le P. Cornuau, en quittant Saint-Hilaire, avait légué à son successeur, M. l'abbé Henri Renolleau, son zèle pour le salut du troupeau ; mais quand il s'agit de la vocation de son paroissien, il eut les mêmes doutes que le noble comte, et, comme lui, il travailla à lui inspirer d'autres pensées. Ce fut pour le pieux lévite la matière d'un nouveau triomphe. « Oh ! mon père, lui répondit-il, j'ai plus de santé que vous ne pensez ; vous verrez que je serai capable de soutenir les fatigues de l'apostolat. Puis, si, avec ce petit corps, je devenais un missionnaire selon le cœur de Dieu, un martyr, qui sait ? Ne seriez-vous pas heureux et fier ? »

Le pasteur désarmé se chargea de le présenter lui-même à Mgr Collet, évêque de Luçon, auquel il avait à rendre ses devoirs. Là, du moins, Henri n'eut à soutenir ni luttes, ni combats ; il y recueillit, au contraire, une immense consolation. Sa Grandeur, après mûr examen, avait compris que l'imagination n'était pour rien dans la détermination du postulant aux Missions-Étrangères, et que sa vocation lui était bien inspirée par le Saint-Esprit. Faire dans ce cas le sacrifice d'un prêtre, ce n'était pas appauvrir le diocèse, c'était plutôt l'enrichir de tout le mérite d'un imitateur des apôtres qui pouvait comme eux sceller sa foi de son sang, et par suite se constituer dans le ciel un des intercesseurs les plus puissants de l'Église de Luçon. Le digne Prélat en eut comme une soudaine inspiration, si on en juge par la cordialité et l'affection toute paternelle avec laquelle il le reçut. Il l'admit à sa table avec son vénérable curé, il le serra dans ses bras et il lui donna sa bénédiction avec effusion de cœur.

Fort de cette bénédiction, Henri retourna chez ses parents pour leur faire ses adieux. Ce fut la dernière, mais aussi la plus cruelle de toutes les luttes.

Le mot d'adieu jeta l'alarme dans toute la famille; le père, la mère, le frère et les sœurs fondirent en larmes. Henri eut beau se jeter à leur cou et leur sourire comme aurait fait un ange, ils furent insensibles à ses caresses. La crainte de ne plus le revoir les mettait hors d'eux-mêmes, ils n'épargnèrent rien pour lui faire changer de détermination; mais, dans ce combat suprême, où la nature aux abois fit vibrer sa voix puissante et terrible, Henri demeura calme et inébranlable. Il s'y était préparé longtemps à l'avance. Dès le 15 juillet, il avait écrit à l'un de ses amis : « Tout va bien maintenant, mais le grand coup n'est pas encore donné ; il se donnera, j'espère, dans quelques jours. Comment mes parents le recevront-ils? Je n'en sais rien; ils ne me croient pas si près de mon départ. Consentiront-ils? Je le suppose, mais qu'importe, mon cœur est à Dieu et s'est voué à lui sans partage. Prie pour moi le Dieu de miséricorde, afin qu'il m'accorde le courage dont j'ai besoin, surtout dans les jours que j'ai encore à passer sous le sol vendéen. »

La veille du départ, la mère d'Henri, qui s'était fait illusion jusqu'à ce moment, l'aborde, et lui dit en pleurant :

— Comment, mon fils, tu veux nous quitter?

— Mais, bonne maman, répond le fils, je ne vous quitte pas pour toujours.

— Mais quand nous reverrons-nous ?

— Bientôt, peut-être. Dans tous les cas, nous nous retrouverons au ciel.

— Ah ! mon fils, tu veux me faire mourir. Que t'a-t-il manqué à la maison ? Ne t'ai-je pas nourri de mon lait, de mon sang ? Et tu veux abandonner ta mère dans sa vieillesse ?

— Non, bonne maman, je ne vous abandonne pas, je penserai à vous tous les jours de ma vie. Prenez donc courage et ne pleurez plus. Voyez la sainte Vierge, comme elle était résignée aux pieds de la Croix, et moi je ne demande pas de vous un pareil sacrifice.

— Sois prêtre, mon cher fils, mais reste dans le diocèse ; ne pense pas aux missions étrangères.

— Ne pas penser aux missions étrangères, bonne maman ! C'est pour moi une chose impossible. Il y a huit ans que j'en ai le dessein. Dieu a parlé à mon cœur, je dois lui obéir.

— Mais tu peux servir Dieu avec nous. Ah ! de grâce, ne délaisse pas ta mère !

— Eh bien !... puisque vous l'exigez, je resterai auprès de vous; mais, alors, adieu, non-seulement les missions, mais encore la prêtrise. Donnez-moi vite un pantalon, une blouse, une pioche, et je m'en vais rejoindre mon frère Pierre et cultiver la terre avec lui. »

Ces dernières paroles, quoiqu'elles ne partissent que des lèvres et non du cœur, ramenèrent la mère à des sentiments plus conformes à la volonté divine. Vaincue, elle garda le silence et ne parla plus que par ses larmes[1]. La lutte avec le père se prolongea jusqu'au soir ; Henri ne pouvait partir sans sa malle, et son père refusait obstinément de la conduire à Saint-Hilaire. Toute discussion devenant inutile, le fils n'eut plus, lui aussi, d'autres ressources que dans ses pleurs. Il se pencha sur un lit et se mit à soupirer pendant plus d'un quart d'heure. Le père, témoin de cette scène, finit par se laisser toucher. Désarmé à son tour, il s'approcha d'Henri et lui dit : « Eh bien ! console-toi, mange et prends un peu de repos ; dans quelques heures je t'accompagnerai à Saint-Hilaire ». Ces

1. C'est la mère elle-même qui nous a retracé cette scène dans la seconde visite que nous lui avons faite au Port-de-Jard, et le récit que nous en faisons est authentique. (*Note de l'auteur.*)

paroles rendirent la paix au cœur d'Henri, il se coucha et dormit d'un sommeil tranquille. A deux heures du matin, son père et son frère attelèrent la charrette de la maison, et il y monta avec eux, après avoir dit à l'une de ses tantes qu'il affectionnait beaucoup : « Adieu, bonne tante, priez pour moi, je pars content, nous ne nous reverrons plus qu'au ciel ; mais ne le dites pas à ma mère, laissez-la se bercer, au contraire, de l'espérance de me revoir, et soyez son ange consolateur ». L'abbé Boudaud, vicaire de la paroisse, célébra pour lui, à trois heures et demie, le saint sacrifice de la messe. Il fut frappé de la joie tout angélique qui rayonnait sur son visage au moment où il déposa sur ses lèvres le Viatique du voyage, la sainte communion.

C'était le 11 du mois d'août.

Au milieu des rudes épreuves qu'il avait eues à subir, Dieu avait ménagé à Henri quelques consolations. Il avait reçu les encouragements de M. l'abbé Lebrasseur, doyen de Talmont, et, grâce à l'intervention de ce vertueux ecclésiastique, une noble veuve, Madame de la Bastière de Poiroux, lui avait ouvert les portes de son château de Garnaud et lui avait fourni l'argent nécessaire pour faire le voyage de Paris. Son professeur de philosophie, M. l'abbé Edmond Bourbon, aujourd'hui chanoine titulaire de la cathédrale, lui avait donné rendez-vous aux Herbiers, le 12 août, à neuf heures du matin ; car, sur sa demande, il avait consenti à être son guide dans la capitale, et à le présenter au vénérable M. Albrand, supérieur de la Congrégation des Missions-Étrangères, qui avait écrit au jeune séminariste qu'il l'attendait dans la première quinzaine du mois.

Après avoir donné, le 11, un dernier baiser à son père et à son frère, Henri monta en voiture avec M. l'abbé Boudaud qui voulut l'accompagner jusqu'à Napoléon-Vendée. Pendant le trajet, au lieu de parler de patrie et de famille, il ne s'entretint que des missions d'Orient, des conversions sans nombre qui s'opéraient dans les unes, et des persécutions dont les autres étaient encore le théâtre. « Il y avait dans son langage et dans son geste, nous a répété depuis le bon vicaire, une expression de désir et de souhaits ardents, et, sur son front, un rayon de bonheur qu'il est difficile d'exprimer. » Il fut reçu avec une respectueuse cordialité par l'Archiprêtre de la ville, et passa la nuit chez l'un de ses amis qui fut touché, comme les autres, de son calme et de sa sérénité. Il parut tel dans la compagnie de M. l'abbé Bourbon qu'il rejoignit le lendemain, et avec lequel il arriva dans la capitale le 13, à quatre heures du matin.

« Celui qui, après avoir mis la main à la charrue, regarde en arrière, n'est pas digne de moi », a dit le Seigneur dans son Évangile [1]. Henri, qui voulait suivre son maître jusqu'aux extrémités de la terre, une fois entré dans la carrière apostolique, marcha toujours en avant, et son cœur écouta, sans faiblir, le cri de la nature qui se fit entendre encore pour le rappeler aux douceurs de la vie de famille, comme nous le verrons dans le chapitre suivant.

1. Luc, IX, 62.

CHAPITRE QUATRIÈME.

HENRI A PARIS. — LE SÉMINAIRE DES MISSIONS-ÉTRANGÈRES. — JOIE QU'IL Y ÉPROUVE. — PEINES CAUSÉES PAR SA FAMILLE. — MORT DE SA SŒUR CLÉMENTINE. — IL CONSOLE SES PARENTS ET LES PRÉPARE A SON DÉPART POUR LES MISSIONS. — SA MAUVAISE SANTÉ.

Une des institutions qui ont servi le plus à la propagation de la foi catholique est la Congrégation de la Propagande, à Rome, composée de quinze cardinaux, de trois prélats et d'un secrétaire. Elle fut fondée en germe par Grégoire XIII, à la fin du seizième siècle, réglementée par Grégoire XV, en 1622, et dotée par son successeur, Urbain VIII, d'un collége qui n'a cessé depuis ce temps-là d'être une pépinière d'hommes apostoliques. Pour effacer la distance qui sépare Rome de Paris, un saint prêtre fonda, un demi-siècle plus tard, dans la capitale de la France, une succursale de la Propagande, sous le nom de *Séminaire des Missions-Etrangères*. C'était le 27 octobre 1663. S'inspirant de l'esprit de la maison-mère, ce Séminaire n'a pas cessé, depuis lors, de fournir des missionnaires à l'Asie, à l'Afrique et à l'Amérique, mais principalement aux contrées les plus reculées de l'Asie. Il est devenu le foyer ardent d'où sont partis ces mille rayons qui ont porté la lumière de la civilisation chrétienne et de la foi dans les immenses régions du Tong-Kin, de la Cochinchine, de la Chine, du Thibet et de la Corée. Ses directeurs, à la tête desquels est aujourd'hui le vénérable P. Albrand, vieillis par l'expérience des missions qu'ils ont les premiers arrosées de leurs sueurs, communiquent aux jeunes gens qui leur sont confiés le feu sacré qui forma les apôtres, et, au besoin, fait les martyrs. Par un effet de la grâce qui agite visiblement le monde païen, et ébranle, jusque dans leurs bases, ses vieilles croyances, le nombre de ces hommes de cœur augmente chaque jour. Il s'est élevé à près de quatre cents cinquante, en vingt-cinq ans, et, aujourd'hui, les vastes appartements du Séminaire des Missions peuvent à peine contenir les nouveaux venus.

Henri se joignit à ce corps d'élite le 13 août

1862. Présenté au supérieur à cinq heures et demie du matin, par M. l'abbé Bourbon, il fut reçu immédiatement comme élève du Séminaire. Deux heures après, lorsqu'il eut satisfait à ses dévotions, il déjeuna dans la compagnie de Son Éminence le Cardinal de Bonnechose, Archevêque de Rouen, qui se montra on ne peut plus aimable pour lui et pour l'assistance, pendant tout le repas. La journée n'était pas écoulée, que déjà il se trouvait à l'aise et comme en famille. Plusieurs de ses nouveaux condisciples, pour se conformer aux usages traditionnels de la maison, n'avaient cessé d'exercer, à son égard, la charité la plus prévoyante et la plus active. Ils s'étaient emparés de ses malles, leur avaient fait escalader, comme par enchantement, les degrés qui conduisaient à sa cellule, où ils l'avaient installé comme un petit seigneur. Puis, ils l'avaient promené, fêté et chéri comme un frère. Aussi, quand le directeur du grand séminaire de Luçon vint lui faire ses adieux, après la fête de l'Assomption, il le trouva parfaitement accoutumé et « heureux, disait-il, de son sort ».

Le 14 septembre suivant, un mois après son arrivée, il écrivait à l'un de ses amis : « J'ai oublié le chemin de la Vendée ; plaise à Dieu que ce soit pour toujours ! Il ne faut point un mois pour s'accoutumer ici ; vingt-quatre heures sont plus que suffisantes pour vous mettre, comme on dit, dans votre assiette ; dès le premier jour vous pouvez dire avec bonheur : *Hæc requies mea* [1] (c'est ici le lieu de mon repos), ou bien encore : *Domus Dei et porta cœli* [2] (c'est l'habitation du Seigneur et la porte du ciel). La joie rayonne sur tous les fronts, la mélancolie et la tristesse sont choses inconnues dans ce charmant asile. Exagération, direz-vous ! Eh bien ! soit ! Mais, en attendant, laissez-moi voir ce que je vois et sentir ce que je sens. Je suis heureux : que le saint nom de Dieu en soit béni ! Je suis heureux, car je suis dans la maison du Seigneur, où j'attends son appel pour monter avec lui dans sa demeure éternelle. »

Dans une lettre du 13 octobre, il disait à son condisciple Théophile Perrache : « Il y a

1. Ps. CXXXI, 14.
2. Gen., XXVIII, 17.

deux mois que je faisais mon entrée au Séminaire des Missions-Etrangères; ces deux mois se sont écoulés comme deux jours. Je t'assure que j'ai passé ici d'heureuses vacances. Pourrait-il en être autrement lorsqu'on se trouve en si bonne compagnie ? » Après lui avoir parlé des agréments de la maison de campagne où les élèves passent leurs vacances, près le château de Meudon, à neuf kilomètres de Paris, il ajoute : « Tu vois que l'on n'est pas malheureux au Séminaire des Missions-Étrangères. On nous y traite comme des enfants gâtés. La raison que nos directeurs en donnent est celle-ci : « Plus tard, vous aurez bien le temps de souffrir ».

Une de ses joies était de voir son cher Séminaire augmenter en nombre, et recevoir, à tout moment, quelques nouvelles recrues. Il écrivait au même et à la même date : « Le Séminaire se peuple de jour en jour. Bientôt on se trouvera en peine pour loger ceux qui arrivent; depuis deux mois, il en est venu une vingtaine, tant prêtres que tonsurés et laïques. On en attend encore sept ou huit. Il est à croire que dans ce nombre il n'y en aura point de Luçon, les Vendéens tiennent à leur pays. »

Henri était ici dans l'erreur, et il se trouva heureux plus tard de s'être trompé dans ses prévisions, en cette circonstance. La Vendée, en effet, n'est étrangère à aucune gloire, et, quand il le faudra, ses enfants sauront traverser les mers et combattre dans l'arène de l'apostolat avec le même courage que leurs pères déployèrent autrefois sur les champs de bataille qu'ils disputaient aux ennemis du trône et de l'autel. La preuve c'est que quelques mois après, trois de ses condisciples de Luçon, les abbés Cousin, Guichard et Michaud, vinrent se joindre à lui. D'autres encore devaient, les années suivantes, marcher sur leurs traces.

Si Henri était bien aise que la Vendée fournît son contingent de missionnaires, il se donnait bien de garde de peser, d'une manière quelconque, sur la vocation de ses amis. Il écrivait, le 7 décembre, à son cher Théophile, en lui expédiant la photographie du martyr Vénard : « Ce n'est qu'avec une certaine crainte que je te l'envoie. Ne dira-t-on point que je cherche à faire de la propagande dans le Séminaire de Luçon ? Que dis-je ? ne l'a-t-on pas déjà dit ? Cependant, ce n'est point mon intention. Moi, je suis heureux ici, d'autres ne le seraient pas. Ce n'est pas aux hommes à faire les vocations. Ainsi, si j'ai dit tant de choses sur le Séminaire des Missions, mon unique but était de faire connaître la maison, comme on me le demandait, et de témoigner par là ma reconnaissance à la bonté divine de m'y avoir conduit, sans vouloir, pour cela, faire de la propagande. »

Tout n'est pas rose dans la vie spirituelle, et l'épine de la tribulation doit ensanglanter quelquefois le pied du juste pour l'exciter à marcher plus vite dans ses sentiers. Diverses peines vinrent abreuver l'âme d'Henri. Il les raconta aux plus intimes de ses condisciples avec la même simplicité qu'il leur disait son bonheur.

La première peine lui vint de sa famille. Il avait un cœur aimant qui demandait à s'épancher. S'il avait fait pour Dieu le sacrifice de ne plus voir ses parents et ses amis, il n'avait pas renoncé, pour cela, à la satisfaction de s'entretenir et de causer avec eux, au moyen d'une correspondance suivie. De là les cent-dix lettres qui ont passé sous nos yeux (sans compter celles que nous ne connaissons pas) qu'il écrivit de tous côtés, en moins de trente mois. Peut-être même était-ce ce besoin presque invincible d'épanchement qui faisait la matière de son accusation à son directeur du grand séminaire de Luçon, lorsqu'il lui écrivait de Meudon, le 18 septembre 1863 : « Tendre Père, mon cœur reste toujours froid comme le marbre. Toujours il cherche son plaisir dans la créature et néglige de s'attacher au Créateur. »

Quoi qu'il en soit, il reportait souvent ses pensées vers son frère Pierre, vers ses sœurs et vers ses beaux-frères. L'image surtout de son père et de sa mère le suivait presque partout. En moins de deux mois, il envoya trois lettres à son père et deux à ses beaux-frères, sans en recevoir de réponse. Son frère lui répondit enfin, mais pour lui dire que son père et sa mère mouraient de chagrin depuis son départ. Il en fut désolé. « Cette nouvelle, écrivit-il le 13 octobre 1862, m'a porté au cœur ; je me suis cru un moment vaincu, mais la grâce a triomphé. » A son cher Théophile, il disait le 7 décembre : « Le moment de la séparation n'est rien, la grâce de Dieu nous assiste alors ; mais le pire de l'affaire, c'est lorsque les sécheresses spirituelles et les tentations s'arment ensuite contre vous avec la nature. Tu as eu raison de me dire que le bonheur des missions si ardemment désiré coûte bien des sacrifices ; je l'ai éprouvé et je l'éprouve encore. Cependant, je ne me laisse point abattre, car je sais depuis longtemps que l'homme ne peut jouir d'un bonheur parfait sur cette terre. Aujourd'hui que les nœuds sont rompus, pourquoi chercherais-je à les renouer ? Oh ! non, mon Dieu ! Ayez pitié de moi, je ne suis qu'un pécheur, mais désormais je veux être tout à vous. Plus de regard en arrière ; en avant, toujours en avant ! Au bout de la carrière qui sera bientôt parcourue..., la couronne de gloire ! Espérons, et travaillons dans cette espérance. Au ciel, paix profonde, bonheur parfait ! » Il exprima les mêmes sentiments à sa bienfaitrice, Madame veuve de la Bastière. Il lui avait écrit le 3 décembre : « Permettez-moi de vous dire, Madame, que je suis heureux d'habiter le Séminaire des Missions-Étrangères ; mais ce bonheur a coûté et coûte encore des sacrifices pénibles à la nature. Qu'importe ! plus de regards en arrière ; en avant, toujours en avant ! c'est maintenant qu'il faut que je dise, comme saint Paul : « *Malheur à moi si je n'évangélise ! Væ mihi..., si non evangelizavero*[1]. »

Henri, s'armant de courage, chercha par tous les moyens possibles à consoler ses bien-aimés parents. « Pourquoi êtes-vous tristes? leur écrivait-il le 21 septembre 1862. Pourquoi prendre du chagrin ? Puisque je vous ai dit, et je vous le répète encore aujourd'hui, que je suis mieux que vous et bien plus heureux ! Allons, un peu de courage. Je ne suis pas perdu. Encore une fois, pourquoi vous affligez-vous? Je suis mieux ici qu'au Séminaire de Luçon. Je suis plus loin de vous, il est vrai ; mais consolons-nous, et prions Dieu de nous donner force et courage, afin que nous puissions arriver tous un jour au ciel. Là, une fois réunis, nous ne nous séparerons plus jamais, et nous jouirons ensemble d'un bonheur parfait et sans mélange. C'est là ce que nous devons chercher le premier, puisqu'il est dit dans l'Évangile, comme vous le savez : *Cherchez premièrement le royaume de*

1. I Cor., IX, 16.

Dieu et sa justice, et le reste vous sera donné par surcroît[1]. Prions donc et ne nous attristons pas; bénissons Dieu et adorons sa souveraine volonté qui veut que nous nous réjouissions toujours. »

Ecrivant à sa sœur Pauline et à son beau-frère Carail, le 3 octobre suivant, il leur disait : « Vivez heureux et contents, consolez mon père et ma mère et soyez sûrs que je ne vous oublie ni les uns ni les autres ».

Quand Henri crut ses parents assez résignés à la volonté de Dieu, il commença à leur parler plus ouvertement, pour les préparer au dernier sacrifice qu'il était dans l'intention de leur imposer. Il profita pour cela de la circonstance du premier de l'an 1863. Après leur avoir fait les souhaits que lui dictait la reconnaissance, il leur tint ce langage : « Cher papa et chère maman, je vais vous dire franchement ce que je pense. Si je suis ici, ce n'est que pour me consacrer à Dieu, pour me dévouer tout à lui et au salut des âmes. Par là nous arriverons tous plus sûrement au ciel;

1. Matth., VI, 33.

vous, vous aurez le mérite du sacrifice qui sera très-agréable à Dieu, si vous le faites de bon cœur. Je sais bien que la nature est portée à se plaindre, mais la religion doit vaincre la nature. » Et comme s'il eût voulu donner une sanction terrible à sa vocation qui devenait de plus en plus certaine, il leur cita l'exemple d'une mère qui ayant refusé obstinément l'entrée de la maison des missionnaires à son fils, trois mois auparavant, le trouva mort le lendemain dans son lit. Le même accident était arrivé à un jeune vicaire, en décembre 1862, à la suite des démarches faites par ses parents auprès de son évêque pour entraver sa vocation.

Dans une lettre du 9 février 1863, il revint sur le même sujet. « Les peines de cette vie, leur dit-il, ne sont rien si nous savons en faire notre profit. Que de mérites nous amasserions, si nous acceptions tout ce qui nous arrive, le bien comme le mal, comme venant de la main de Dieu ! Je suis heureux dans ma solitude. Je regrette que vous ne puissiez pas comprendre mon bonheur. Vous m'avez élevé pour aimer et servir Dieu et par ce moyen obtenir la vie éternelle, mais il est écrit que celui qui ne suit pas sa vocation se perdra ; il faut donc que je la suive. Ranimons notre foi, et après avoir été éprouvés sur cette terre, nous nous retrouverons au ciel. Je vous parle toujours du ciel, parce que c'est vers le ciel que doivent tendre nos efforts ; nous ne devons travailler que pour le ciel. » Puis, s'adressant à sa mère en particulier, il lui disait : « Allez trouver votre confesseur le plus que vous pourrez, car c'est lui qui, par la sainte communion, vous fera aimer le sacrifice que Dieu demande de vous. »

Henri prêchait un peu dans le désert ; il le comprit ; mais, au lieu de se décourager, il réitéra ses avis. Le 12 mars, il écrivit de nouveau : « Je suis affligé de voir que vous ne vous résignez point à la volonté de Dieu. Vous m'avez dit souvent que vous ne vous opposeriez point à ma vocation, et, aujourd'hui, vous me reprochez de l'avoir suivie ; je ne vous blâme pas, car je sais que la nature a bien de la peine à faire de pareils sacrifices. C'est dans ce cas que la grâce est nécessaire, mais nous l'obtiendrons si nous disons : Dieu le veut, je le veux aussi, que sa volonté soit faite et que son saint nom soit béni ! Ah ! si nous avions la foi et l'amour, que de mérites nous acquerrions pour le ciel ! Je sais bien que vous direz que je répète toujours la même chose, mais que puis-je dire de plus ? N'est-ce pas dans la religion que nous trouverons notre force ? » Il leur proposa, en finissant, l'exemple des saints, qui n'étaient jamais plus joyeux que lorsqu'ils avaient quelque chose à souffrir pour Jésus-Christ.

La mort de sa sœur Clémentine, femme Louvrier, qui arriva à Saint-Michel-en-l'Herm vers la fin du mois d'avril, opéra une heureuse diversion en sa faveur. Ses parents ne s'occupèrent plus, pendant assez longtemps, que de la perte qu'ils venaient de faire. Henri fut lui-même très-sensible à cette mort précipitée et inattendue. Un de ses premiers soins fut d'alléger, par quelques bonnes paroles, la douleur de ses parents. Il leur écrivit le 30 avril 1863 : « Vous devez vous consoler, cher papa et chère maman, en pensant que Clémentine est morte saintement.

Elle a communié, elle a été administrée le jour de sa mort, elle est morte en faisant le signe de la croix. Que pouvez-vous désirer de plus ? Sans doute vous aimeriez mieux la voir au milieu de vous, moi aussi je le préférerais ; mais le bon Dieu a voulu l'appeler à lui, soumettons-nous à sa sainte volonté. Elle est morte en aimant Dieu et en espérant en lui ; espérons, nous aussi, et préparons-nous à paraître devant Dieu. Bientôt, car la vie n'est pas longue, nous quitterons aussi la terre pour bénir le Seigneur dans la bienheureuse éternité. Clémentine, en mourant, nous a fait voir qu'il faut se détacher de tout, puisqu'on doit, un jour, tout quitter. Elle est au ciel, il faut l'espérer ; elle nous attend, car c'est là que nous devons nous réunir pour n'avoir plus la douleur de nous séparer. C'est elle qui a commencé, notre tour viendra bien vite, vivons donc saintement. Tout en pleurant Clémentine, pensons à l'autre vie où elle est rendue depuis huit jours. Moi aussi je pleure de temps en temps, comme vous, mais je cherche ma consolation dans la sainte communion et dans la pensée de la mort qui doit m'unir à ma chère sœur. »

Les saints profitent de tout pour s'avancer dans la vertu. Henri, qui n'avait rien tant à cœur que de s'enrichir de ses trésors, trouva dans la mort de sa sœur une occasion favorable pour rendre surnaturelles ses affections, même les plus innocentes, et pour en faire à Dieu, au besoin, un généreux sacrifice. Il répondit à M. le vicaire de Saint-Hilaire qui lui avait appris, le premier, le coup qui avait frappé sa famille : « Il ne faut s'attacher qu'à ce qui ne passe pas, m'a-t-on souvent repété dans mon enfance ; mais, pour comprendre toute la force de cette vérité, fallait-il que la mort vînt m'enlever une de mes plus chères affections ! Oh ! oui, je le vois bien aujourd'hui, il faut se détacher de toutes les choses créées. Puisse ce détachement complet de toute créature grandir dans mon cœur ! » M. l'abbé Boudaud, ayant lui aussi perdu une sœur, il lui disait en terminant sa lettre : « Prions pour votre chère Marcelline et pour ma chère Clémentine, puisque c'est désormais l'unique preuve d'affection que nous puissions leur donner ».

Henri pria beaucoup et fit prier. Plusieurs de ses confrères s'unirent à lui pour faire la sainte communion à l'intention de la défunte, et ceux qui étaient prêtres s'empressèrent de célébrer pour elle un assez grand nombre de messes. C'est ainsi, qu'en vertu de la communion des saints, toutes les âmes sont sœurs, et que chaque fidèle tient entre ses mains la clef qui ouvre le ciel.

Aux peines morales causées par la famille, vinrent se joindre pour Henri les douleurs physiques. Sa santé parut un instant sérieusement compromise. Dès la mi-octobre 1862 il se plaignit de souffrir de la poitrine. Les médecins le couvrirent d'emplâtres et de vésicatoires et le condamnèrent à boire de l'huile de foie de morue. « Ma santé est altérée, écrivait-il à cette époque, les infirmiers vont mettre leurs griffes sur moi; malgré cela, je suis heureux et content. » Il disait à qui voulait l'entendre qu'il ne craignait rien tant que de retourner au pays natal, non que sa vocation aurait eu à en souffrir, car il était bien résolu de ne pas abandonner les missions, mais il aurait voulu épargner à ses proches les tortures d'une seconde séparation. Pour éviter de nouveaux adieux, qui auraient été peut-être plus déchirants encore que les premiers, il pria avec ferveur et s'adressa plus particulièrement à la sainte Vierge, à laquelle, pour nous servir de son expression, il avait *voué* sa santé dès le grand séminaire de Luçon. Il avait en elle une confiance qui n'avait d'égale que son affection. Elle ne fut point trompée dans cette circonstance, à en juger par les apparences, car il éprouva un mieux sensible dès le mois de février. Les craintes revinrent avec le mois d'avril ; aussi ses supérieurs exigèrent-ils de lui qu'avant de s'engager dans les saints ordres il prît l'avis d'un médecin. Il se rendit donc, le 21 avril à midi, chez un docteur habile : celui-ci le sonda pendant vingt minutes et trouva qu'il s'était formé dans ses poumons de petites plaies qu'il fallait nécessairement cicatricer. Cependant il lui permit de faire le pas terrible qui devait le lier pour toujours au service de l'Église, mais à la condition qu'il prendrait de l'huile de foie de morue et que, pendant un an, il reviendrait le revoir tous les quinze jours. Le 1er juin, il consulta un autre médecin des plus célèbres qui trouvant sa poitrine en bon état ne le traita que pour des misères d'estomac. Il cessa, dès lors, d'envoyer à ses amis les bulletins de sa santé ; il se regarda comme guéri et ne s'occupa plus que de faire fructifier en son cœur la grâce du sous-diaconat qu'il venait de recevoir. Nous allons voir comment il s'y était préparé.

CHAPITRE CINQUIÈME.

HENRI A PARIS (suite). — SOUS-DIACONAT. — DIACONAT. — PRÊTRISE. — DÉSIR DES MISSIONS.

Henri fut appelé au sous-diaconat pour l'ordination du 30 mai 1863. Il s'y disposa à la façon des saints. Il écrivit avec une touchante humilité au curé et au vicaire de sa paroisse, pour se recommander à leurs prières. Dans la lettre à M. l'abbé Boudaud il disait : « Il y a eu appel aux ordres. Deux de nous resteront pour Noël, et, pourtant, ils étaient bien plus dignes que moi du sous-diaconat ! Hélas ! quand j'y pense, je ne puis que m'écrier avec admiration : « O Dieu ! avez-vous oublié ce que j'ai été et ce que je suis pour daigner me mettre au nombre de vos ministres ! J'avancerai, cependant, avec confiance, comptant sur les miséricordes du Seigneur et sur les prières que mes amis vont adresser pour moi au ciel. Les vôtres ne me manqueront pas, j'en suis assuré d'avance. »

Il réclama aussi celles de ses bons parents. Il leur disait le 23 avril : « Je vais être ordonné sous-diacre. Comme cet engagement est irrévocable, et qu'une fois qu'on l'a pris on ne peut plus retourner en arrière, je vous conjure de prier beaucoup pour moi, afin que ce jour soit le plus beau de ma vie. »

En portant cette nouvelle à la connaissance de M. le comte de Bessay, il se confondait dans l'abîme de son néant. « Misérable que je suis, lui disait-il, je n'ai encore rien fait pour Dieu...; mais j'entends Notre-Seigneur qui me dit : Prends courage, ô mon enfant, ta force sera dans l'espérance : *In spe erit fortitudo* [1]. Je m'approcherai donc des tabernacles de mon Dieu, j'y fixerai ma demeure, et j'y établirai le lieu de mon repos éternel. »

Il écrivit à Madame veuve de la Bastière, sa bienfaitrice : « Gravissant la montagne au sommet de laquelle on trouve le sacerdoce, je viens d'en apercevoir le sommet. Encore quelques semaines, et je serai uni étroitement à Dieu par le sous-diaconat, sans pouvoir retourner vers le monde auquel j'ai déjà dit adieu. Comme de cet engagement, Madame, dépend mon bonheur ou mon malheur éter-

1. Is., XXX, 15.

nel, je viens me recommander à vos bonnes prières. »

Deux jours après son ordination, il racontait ainsi à ses bien-aimés parents les émotions qu'il avait éprouvées en cette journée : « Me voilà sous-diacre ! Je me suis donné au bon Dieu pour toujours, et je me trouve heureux de m'être consacré à son service. Oh ! que le jour de l'ordination est un beau jour ! comme on prie bien ce jour-là ! Je ne vous ai point oublié, j'ai demandé pour vous à Notre-Seigneur la force et le courage dont vous avez besoin. » Il les remercia ensuite d'avoir fait célébrer une messe à son intention le jour de son ordination et d'y avoir communié, puis il ajouta : « Ah ! chers parents, j'étais bien avec vous par la pensée en ce moment. Le matin, avant le réveil, je ne dormais pas, je pensais à vous et à mon bonheur. » Il puisa dans le sacrifice qu'il fit à Dieu, dans cette circonstance solennelle, un amour de plus en plus grand pour la croix. « La croix, écrivit-il à son ami Théophile le 8 juin, est la propriété de l'homme apostolique : comment pourrais-je la refuser quand elle se présente, maintenant surtout que je me suis donné tout à Dieu par le sous-diaconat?» Il faisait allusion à la mort toute récente de sa sœur Clémentine.

Henri fut élevé au rang des diacres le 19 décembre de la même année. Pour recevoir cet ordre dignement, il pria de nouveau et fit beaucoup prier pour lui. Il écrivit à l'un de ses anciens moniteurs, le 3 décembre : « Une expérience de tous les jours me montre la vérité de cette parole de saint François de Sales : « La miséricorde de Dieu est le trône de nos misères. » Misérable que je suis, après avoir si peu profité des grâces du sous-diaconat, il faut que, pour obéir à la voix du ciel qui se manifeste à moi par l'organe de mes supérieurs, je me présente au diaconat ! Je viens vous demander une petite prière, afin que le pauvre missionnaire en herbe puisse recevoir avec fruit le don de force. Votre affection pour moi m'est un sûr garant que vous ne manquerez pas de satisfaire à ma demande. Le missionnaire, plus que tout autre, doit vivre de la vie de foi. »

La lettre qu'il écrivit, à cette occasion, au vénérable curé de sa paroisse était celle d'un pauvre spirituel qui frappe avec instance à la porte d'un cœur qu'il connaît, pour en obtenir l'aumône de la prière. Plus émouvante encore fut celle qu'il lui adressa, au printemps suivant, pour lui annoncer qu'il serait bientôt consacré prêtre. Il lui parla à peu près en ces termes : « Mon Père, votre enfant est appelé à l'honneur du sacerdoce. Ah ! il en serait tout fier s'il n'était pas pénétré du sentiment de son indignité. Moi prêtre ! moi à l'autel pour commander à mon Dieu et immoler la victime trois fois sainte ! Ah ! ne suis-je pas une créature trop indigne ? Si vous ne venez pas à mon aide, si vous n'obtenez pas de mon Dieu qu'il me couvre des mérites de son Fils, oserai-je franchir les degrés du sanctuaire ? Ah ! mon Père, dites à vos paroissiens de penser devant le Seigneur à leur compatriote, et vous, soutenez et encouragez votre enfant. »

Ses bienfaiteurs et ses amis furent mis aussi à contribution. « Priez, Madame, écrivait-il à Madame de la Bastière, le 16 avril 1864, priez pour que je devienne un saint prêtre et plus tard un saint missionnaire, rempli de zèle pour la gloire de Dieu et de charité pour le salut des pauvres infidèles. »

Il disait le même jour à son cher Théophile:

« Lundi dernier ont eu lieu les appels aux ordres; on a décidé que je recevrais la prêtrise. Te dire ce qui se passa en moi le reste de la journée est chose impossible. J'étais pénétré tout à la fois d'un sentiment d'amour et de crainte; mais comme l'obéissance vaut mieux que le sacrifice, j'obéis. Ah! combien j'ai besoin du secours de tes bonnes prières pour me préparer à ce grand jour. Tu ne manqueras pas de prier notre bonne mère pour ton pauvre petit ami, afin qu'elle daigne le protéger et embraser son cœur de l'amour du divin Jésus. »

Le Séminaire des Missions-Étrangères fournit quatorze prêtres à l'ordination du 21 mai 1864. Henri reçut l'onction sacerdotale des mains de Mgr Thomine-des-Mazures, vicaire apostolique du Thibet. C'était un apôtre qui en consacrait un autre. « Mon Dieu, quel beau jour! écrivait-il le 3 juin, à M. l'abbé de Saint-Hilaire, que nous étions heureux tous, tant maîtres qu'élèves! Le lendemain, 22, j'ai dit une première messe dans un petit oratoire placé au rez-de-chaussée de la maison. Le P. Guichard, de Bois-de-Cené, me la servait; deux autres Vendéens, les PP. Cousin et Michaud, de Chambretaud, y assistaient dévotement. Tout était silencieux autour de nous. Que nous étions heureux! Il m'est impossible de vous dire lequel des quatre était le plus ému. Nous nous embrassâmes tendrement après la messe, et nous remerciâmes Dieu au fond de notre cœur de nous avoir conduits dans un si charmant asile. Le P. Cousin, qui n'est arrivé que depuis un mois, ne se sentait pas de joie et de bonheur. C'est bien dans cette circonstance que l'on touche, pour ainsi dire au doigt, la vérité de cette parole de Notre-Seigneur : *Celui qui quittera pour moi son père, sa mère, ses frères, ses sœurs, etc., recevra le centuple en ce monde, et dans le siècle à venir la vie éternelle* [1]. Heureux si nous persévérons toujours dans les mêmes sentiments! Nous sommes quatre Vendéens au séminaire des Missions; deux ou trois que je connais se préparent dans l'ombre pour les vacances prochaines, et ainsi bientôt on pourra dire, comme mon ancien directeur, M. Guitton : *la Vendée apostolique.* »

1. Matth., XIX, 29.

Henri, à qui nous donnerons désormais le nom de Père, n'oublia pas ses bienfaiteurs les jours qui suivirent son ordination. Madame veuve de la Bastière lui avait fait cadeau d'un beau calice; en lui en accusant réception, il lui disait : « Notre-Seigneur seul saura vous récompenser de votre générosité. Pour moi, pauvre petit missionnaire, je ne puis rien, sinon prier pour vous. Désormais je ne pourrai offrir le saint sacrifice sans penser à vous, puisque j'aurai devant les yeux l'objet sacré qui me rappellera votre charité. Après vous avoir donné une bonne part dans ma première messe, j'en célébrerai une exclusivement pour vous le jeudi 26 mai, fête du très-saint Sacrement. »

Le P. Dorie porta à l'autel, surtout, le souvenir de ses bons parents. Dès le 13 avril il leur avait dit, en leur annonçant son ordination : « Priez beaucoup pour moi et faites prier mes autres parents, ma tante Marie et mes cousines. Ma première messe sera plus particulièrement pour vous. Je la dirai encore pour vous le jour de la fête de Notre-Dame-Auxiliatrice et je la célébrerai les jours suivants pour mes frères et pour mes sœurs. Il tint parole. Nous lisons dans la lettre qu'il leur expédia le 26 mai : « Me voilà prêtre et prêtre pour l'éternité, et je suis heureux. M. de Bessay est venu me voir mardi dernier, il s'extasiait de mon bonheur. J'ai pensé à vous pendant ma première messe. J'ai dit, depuis, la sainte messe pour vous et je la dirai encore bien souvent à votre intention. Je vous trouverai là dans les saints cœurs de Jésus et de Marie. »

La piété, loin d'étouffer les sentiments de la famille, comme on ne le croit que trop souvent dans le monde, n'ôte rien, au contraire, à leur vivacité, seulement elle les épure et les rend surnaturels. C'est ainsi que l'avait compris le P. Dorie. « Je ne vous oublie point, avait-il écrit à ses proches le 19 mars ; on nous a dit mardi dernier, en nous prêchant, que le cœur du missionnaire est le cœur le plus aimant. Je crois, en effet, qu'il en est ainsi. Je vous l'avouerai franchement, depuis que je suis au Séminaire des Missions, il me semble que je vous aime davantage. Qu'est-ce qu'aimer ses parents, sinon prier pour eux ? Eh bien ! je prie plus pour vous maintenant que je ne le faisais autrefois. Il ne se passe pas de jour que je ne dise le chapelet pour vous. La sainte Vierge, je l'espère, exaucera ma prière, et vous donnera, avec l'amour de Dieu, la résignation à sa sainte volonté. »

Il leur prêchait cette résignation dans toutes ses lettres, et il cherchait à leur communiquer quelque chose de son calme et de la sérénité de son âme, à la veille d'un départ qui le séparerait d'eux pour toujours. Menacés de le perdre, ses parents sollicitèrent comme une grâce l'avantage de le revoir et de le serrer une dernière fois dans leurs bras ; mais il fut intraitable à cet égard. « Je ne voudrais pas, disait-il, pour tout l'or du monde retourner au pays. » Dieu lui avait fait la grâce de vaincre la nature une fois, mais il craignait que dans de nouveaux adieux provoqués imprudemment la nature ne triomphât à son tour de la grâce. « Je suis, écrivait-il à ce propos, missionnaire avant tout ! »

Les missions avaient fait le rêve de sa vie depuis l'âge de quinze ans. Une fois prêtre, il touchait au terme, et rien n'était plus capable d'en détourner son esprit. Sa santé, quoique raffermie, semblait lui commander le repos ; mais son âme, dévorée du zèle de la maison du Seigneur, ne respirait que le travail. Quand, au jour de son ordination, il se releva des pieds du Pontife consécrateur, il parut comme un athlète, prêt à tout entreprendre et capable d'affronter, sans broncher, le froid, le chaud, la soif, la faim, le fer et la mort. La pensée qu'il allait atteindre le but tant désiré avait opéré comme une révolution dans tout son être. « Ah ! les missions ! écrivait-il à M. l'abbé de Saint-Hilaire, c'est ma vie ! Mon cœur bondit de joie en voyant approcher l'heure du sacrifice. » Dans une lettre au même il disait :

« Dans deux ans, si Dieu le permet, je serai avec mes chers confrères à combattre les combats du Seigneur. Oh ! alors vous n'oublierez pas, ainsi que mon cher Pasteur, votre pauvre petit paroissien. Glaces de la Mandchourie, soleil brûlant de l'Inde, marais de la Cochinchine, forêts du Tong-King, plaines de la Chine, etc., peu m'importe, puisque je sais d'avance que partout il y a des âmes à convertir et à sauver. La croix sera alors mon guide et ma boussole, la croix sera mon espérance, *spes unica*. Par la croix, j'apprendrai ce que vaut une âme. »

Cinq semaines avant d'être ordonné prêtre, c'est-à-dire le 15 avril 1864, il était déjà tellement occupé des missions qu'il donna par écrit à l'un de ses moniteurs un état du personnel et du moral des quinze confiées au zèle de la Congrégation des Missions-Étrangères. Nous ne le suivrions pas sur ce terrain, qui semble un peu s'écarter de notre sujet, si ce n'était pas un moyen de mieux faire connaître le P. Dorie, et l'ardeur qui le dévorait pour la conversion des infidèles. Voici ce qu'il disait sur ces diverses missions :

« 1° Le Japon possède six missionnaires qui ne font rien auprès des indigènes à cause de l'édit qui condamne à mort, non-seulement celui qui embrasse la religion chrétienne, mais encore sa famille jusqu'à la quatrième génération : édit sorti de l'enfer qui contrarie les instincts de ce peuple qui est très-avide de la parole de Dieu. Quelques peuplades du Nord embrassent la foi en secret. Prions pour ce pauvre royaume.

« 2° La Corée. Belle mission s'il en fut jamais ! Elle voit s'augmenter ses néophytes, malgré la rage des ennemis de l'Évangile. Sept missionnaires et deux évêques administrent dans l'ombre les chrétiens de cette contrée. Depuis l'expédition des Français en Chine, la persécution s'est ralentie, et aujourd'hui on jouit d'une certaine liberté. De tous les peuples de l'Asie, le Coréen est reconnu comme celui qui a le plus de cœur. On nous lit tous les soirs au souper des relations très-intéressantes sur l'introduction du christianisme en Corée. C'est admirable ! La miséricorde de Dieu y paraît dans toute son évidence pour ceux qui observent la loi naturelle. Ces relations seront imprimées et formeront deux forts volumes. On dit ici que je dois être envoyé en Corée ; je ne serais pas trop mal partagé. Que la volonté de Dieu soit faite! *Alleluia !* Vive la Corée ! » Il ne savait pas à cette heure-là qu'il devait un jour l'arroser de son sang et y mourir de la mort glorieuse des martyrs.

« 3° La Mandchourie, avec ses dix missionnaires et son évêque, reste toujours aussi froide que la neige de ses montagnes. Les conversions sont peu nombreuses. Les Russes, pénétrant jusqu'au cœur de cette mission, paralysent le zèle du missionnaire. D'un autre côté, un hiver de huit mois, avec 40 degrés de froid, ne lui permet guère de courir bien loin, ni bien vite. Dieu le veut ainsi. *Amen.*

« 4° Le Sut-Chuen divisé en trois vicariats compte vingt-huit missionnaires et quelques prêtres indigènes. On jouit en ce moment d'une assez grande liberté, grâce au traité de paix. Un de mes confrères m'écrivait le 24 décembre 1863 : « On dit que non loin d'ici (Tchong-King), une croix dorée est apparue dans les airs et a été vue par les chrétiens et par les païens. Quoique le prêtre ne l'ait pas vue, il en dresse procès-verbal ; si les païens le signent, ce sera une forte présomption en faveur du miracle. » Notre-Seigneur voudrait-il vaincre l'obstination des Chinois par des preuves non équivoques de sa divinité ? Espérons-le. D'un autre côté, l'orage commence à gronder ; les rebelles arrivent et rien n'est épargné. On s'attend tous les jours à une persécution. Dieu soit loué quand même.

« 5° Le Yun-Nan, ravagé en tous sens par les rebelles et par les mahométans, n'est plus aujourd'hui qu'un monceau de cendres et de ruines. Les enfants sont dépecés, frits et mangés; les femmes, enfermées dans des sacs, sont jetées dans le fleuve ; les hommes sont égorgés ou emmenés prisonniers. Il est impossible, dit Mgr Chauveau, de se figurer un pareil désastre. Voilà le paganisme ! voilà la nature ! Un nouveau missionnaire vient de partir pour aider ses confrères à implanter la foi dans cette contrée.

« 6° Le Kouit-Tchéou, ou Kouëy-Tchéou. Un missionnaire se rend dans cette région pour remplacer M. Néel qui a été martyrisé en 1862. Puisse-t-il avoir le même bonheur ! Neuf prêtres font marcher admirablement l'œuvre de Dieu dans cette mission, sous l'autorité de Mgr Faurie.

« 7° Le Kouang-Tong, et Kouang-Si, ou simplement Canton et l'île de Haïnan. Cette mission est prospère, grâce aux Européens qui résident à Canton. Un de nos confrères vient cependant d'être roué de coups de bâton par les parents d'un jeune homme qu'il avait baptisé, et cet heureux converti a remporté la palme du martyre. On demande à grands cris des ouvriers ; dix-huit missionnaires ne peuvent suffire pour une province si étendue et si peuplée. Les rebelles visitent nos missionnaires et nos chrétiens de temps à autre. La cathédrale de Canton se bâtit ; puissions-nous voir bientôt les pagodes vides, et le Dieu d'amour recevoir dans son nouveau temple les adorations des Chinois ! Faisons monter nos prières vers le ciel pour que ce jour arrive bientôt.

« 8° Le Tong-Kin comprend quatre vicariats dont deux seulement sont desservis par notre Congrégation. Les conversions s'y opèrent en assez grand nombre depuis que la persécution a cessé de faire des martyrs. Quarante prêtres indigènes et plus de quatre-vingt mille chrétiens se sont envolés au ciel demander grâce pour leurs bourreaux et chanter le triomphe de l'Agneau sans tache.

« 9° La Cochinchine. Elle possède trois vicariats apostoliques. Deux sont dans la même position que le Tong-Kin. Le troisième, occupé par les troupes françaises, jouit d'une plus grande liberté. Les conversions y seraient plus nombreuses si la conduite de nos soldats était plus régulière.

« Pour en finir avec Annam, on dit que la crainte seule de nos armes empêche le roi Tu-Duc de rouvrir la persécution, et qu'il a juré, par ses grands dieux, d'anéantir le christianisme dans ses Etats. Prions pour lui et pour son pauvre peuple.

« 10° Le Cambodge. Ce pays fournit peu de chrétiens. Le zèle des missionnaires s'exerce auprès des Chinois commerçants.

« 11° Siam. Depuis la bénédiction donnée par Pie IX à l'ambassade de ce pays, les Siamois commencent à sortir de leur somnolence et à abandonner leurs talapoints. Puisse le petit succès commencé continuer de plus en plus !

« 12° La Malaisie. Cette terre semble être maudite. Pas un seul Malais ne se convertit, car le vrai Malais est musulman et on ne peut rien sur lui. Les mixtes se convertissent un peu. Ce sont les Chinois commerçants qui fournissent le plus de conversions.

« 13° La Birmanie. Elle commence à s'ébranler. Les habitants des forêts surtout sont avides de prédication. On jouit d'une pleine liberté sous le régime anglais.

« 14° Pondichéry, Coimbattour et Maïssour. Ces trois vicariats, qui se partagent les Indes, donnent peu de chrétiens : quatre-vingts missionnaires travaillent dans ces contrées, sous un soleil brûlant. Ce martyre en vaut bien un autre. On meurt vite aux Indes, la vie moyenne est de sept ans ; mais qu'importe le temps, pourvu qu'il soit bien employé !

« 15° Enfin, le Thibet. Le peuple du Thibet embrasse la foi avec amour, quoiqu'on y soit à la veille d'une persécution. Quatre nouveaux missionnaires sont en route pour cette contrée. On leur a dit en partant : « Vous aurez le cou coupé, mais ça convertira le Thibet ». Puissent-ils avoir le bonheur qu'on leur a prédit ! »

La bouche parle, dit-on, de l'abondance du cœur. Il en est de même de la plume. La plume est, avec la langue, le ruisseau qui épanche au dehors le trop plein de l'âme, source de toute pensée et de tout désir. Le P. Dorie était tellement porté pour les missions, que dans ses conversations et dans ses écrits il en parlait, on peut dire, toujours. Il avait, on l'a vu déjà, la même passion pour le martyre. Le martyre était pour lui le suprême bonheur ; il ne désirait rien tant que d'en faire le couronnement de son apostolat. Nouveau Christophore, le Dieu qu'il portait dans son cœur soutenait ses pas timides. Sans avoir la force physique qu'on attribue à ce géant de l'âge d'or du christianisme, il en avait toute l'énergie et toute la vigueur d'âme. Les traits que nous allons citer vont achever de le prouver.

CHAPITRE SIXIÈME.

LE P. DORIE A PARIS (suite). — DÉSIR DU MARTYRE. — SALLE DES MARTYRS. — ENTREVUE AVEC MONSIEUR DE BESSAY.

Le P. Dorie écrivait le 4 avril 1863, à M. l'abbé Bidaud, qu'il aurait sans doute des misères à supporter avant de quitter la France ; mais que des épreuves d'un autre genre l'attendaient au loin, parce que les infidèles, en certains endroits, avaient juré d'exterminer le christianisme. « Celui-ci, disait-il, aiguise son glaive, celui-là tresse une corde, cet autre s'arme de tenailles pour torturer le missionnaire. » Il avait l'espérance que ce missionnaire serait peut-être lui. Et il s'estimait heureux, si l'un de ces instruments de supplice pouvait hâter son arrivée au séjour du repos éternel. Il ne craignait qu'une chose, manquer l'heure du rendez-vous.... « Ah ! disait-il à son ami, prie pour le pèlerin qui se sent animé de courage et de force en pensant à ce bonheur. »

Le 29 décembre de la même année, il écrivait à M. l'abbé de Saint-Hilaire : « Quelques aspirants prétendent ici que j'ai été créé et mis au monde pour le Sut-Chuen, d'autres disent pour la Cochinchine, d'autres pour la Corée. Mais peu importe, ces missions sont toutes belles, parce que partout on peut espérer la gloire du martyre. » Et comme s'il eût prévu que son titre de Français serait peut-être un jour une des causes apparentes de sa mort, ce qui pourrait diminuer aux yeux de quelques personnes le mérite de son sacrifice, il ajoutait, pour détruire, par avance, cette objection : « Mais, me direz-vous, être mis à mort comme étranger n'est pas être martyr. Ce serait vrai, si pour le missionnaire captif la première cause n'était pas la religion. ». En effet, c'est toujours la religion qui arme la main du bourreau et déchaîne sa fureur. La preuve, c'est qu'elle frappe les chrétiens indigènes comme le missionnaire européen. » — « Qu'il y ait bientôt des martyrs, disait-il encore, on s'y attend, mais l'axiome est toujours là : le *sang des martyrs est la semence des chrétiens. Sanguis martyrum semen christianorum*[1]. »

Parmi les forces morales qui exercent le plus d'empire sur l'âme, une des plus puissantes est, sans contredit, celle de l'exemple. Le martyre est le beau idéal du christianisme. Quel est le chrétien éclairé et pieux qui, dans un moment de ferveur, ne l'a pas désiré quelquefois comme le souverain bien! Si sa pensée seule suffit pour séduire les imaginations ardentes et les cœurs dévoués, que sera-ce de l'exemple! Voir de ses yeux l'homme qui a souffert pour Jésus-Christ, contempler ses plaies, ses meurtrissures, ou s'il a versé son sang pour lui, toucher ses ossements et les instruments de son supplice, voilà l'étincelle qui enflamme le cœur du plus indifférent. Le P. Dorie nous apprend, dans ses lettres, que les exemples qu'il avait sous les yeux produisaient en lui cet effet.

Un jour, c'est un confesseur de la foi qui, au sortir de prison, part des rivages d'An-

1. Tertullien.

nam et vient débarquer en France. Il arrive au Séminaire des Missions-Étrangères comme un athlète fatigué qui a hâte de se reposer à l'ombre de ses trophées. On murmure le nom de M. Charbonnier. M. Charbonnier! Est-ce bien lui? Est-ce bien cet homme vigoureux qui défiait la maladie et supportait, sans demander merci, les travaux de l'apostolat? C'est bien lui...; mais, hélas! le bourreau a imprimé sur tout son corps le sceau du martyre. Onze mois durant, il l'a enchaîné dans l'obscurité et l'infection d'un cachot. S'il l'en tirait quelquefois et le produisait au grand jour, c'était pour arracher ses côtes avec des tenailles, et déchirer sa chair à force de coups de rotin. « Quand je vois cet homme, écrivait le P. Dorie, le 11 septembre 1863, à son cher Théophile, tu peux croire que le sang bouillonne dans mes veines et que je dis à Dieu: O mon Dieu, si j'avais le bonheur de défendre ainsi votre saint nom! Ah! prie pour ton pauvre ami, pour qu'il puisse mériter une telle grâce. »

Les exemples du martyre! il les avait constamment sous ses yeux. Le Séminaire qu'il habitait avait pour supérieur le révérend

P. Albrand, et pour directeurs MM. Tesson, Voisin, Legrégeois, Delpech, Rousseille, Pernot et Charrier. Presque tous avaient usé leur santé dans les missions de l'Inde et de la Chine et les deux derniers avaient confessé la foi en face des tyrans. Si le catéchiste de M. Pernot paya pour lui la dette du martyre, il ne laissa pas que de souffrir beaucoup pendant les dix années qu'il passa en Cochinchine. Quant à M. Charrier, professeur de dogme du P. Dorie, il avait subi deux fois la question dans cette même Cochinchine, où il avait précédé M. Pernot de 1834 à 1844. Il avait porté la cangue[1] et avait été meurtri de coups. Les entailles que le fer fit alors dans sa chair sont, on peut dire, encore saignantes. « Il est martyr, pour ainsi dire, toujours, écrivait le P. Dorie à M. le vicaire de Saint-Hilaire, puisque ses souffrances sont continuelles. C'est lui qui disait au catéchiste de Mgr Retord : « Va dire à Monseigneur que j'aime

1. La cangue est un instrument de supplice ayant, dans l'Empire annamite, la forme d'une échelle, et dans la Chine celle d'une table. La tête du condamné est passée au milieu, et, jour et nuit, ce poids incommode pèse sur ses épaules. (*Note de l'auteur.*)

mieux ma cangue que sa mitre, ma chaîne que sa crosse. Il n'y a que sa croix qui vaille quelque chose, encore la mienne est bien plus précieuse que la sienne. »

A ces exemples vivants se joignaient, au Séminaire des Missions, des exemples muets, mais dont la voix était encore plus éloquente sur le cœur du P. Dorie. Il les trouvait dans la *salle* dite *des martyrs*. Nous devons dire un mot de cette salle.

En 1864, deux cent un ans après sa fondation à Paris, la Congrégation des Missions-Étrangères comptait trente-trois martyrs parmi ses membres, dont dix-sept décapités pour la foi, onze morts en prison, et cinq massacrés par les infidèles. Six appartiennent à la fin du XVIIe siècle, cinq à la fin du XVIIIe, et les vingt-deux autres à la première moitié du XIXe. Parmi ces derniers figure Mgr Borie, évêque d'Acanthe, frappé par la main du bourreau au Tong-Kin, le 24 novembre 1838. Ses ossements ayant été envoyés à Paris en 1842, furent déposés dans la chambre qu'on appelle aujourd'hui la *salle des martyrs*, parce que des reliques d'autres confesseurs de la foi ne tardèrent pas à venir se joindre aux siennes. Les bandes de velours rouge qui couvrent les murailles et les rideaux de même couleur qui pendent aux croisées donnent à l'appartement la teinte du sang. Son mobilier est aussi taché de sang, mais du sang le plus pur et le plus généreux. On y voit, sur un gradin supérieur, cinq châsses renfermant les ossements des vénérables Joachim Ho, Gagelin, Borie, Jaccard et Thomas Thieu ; et, sur le gradin inférieur, huit autres châsses contenant les os de quatre martyrs indigènes de la Cochinchine et de la Chine. Aux ossements succèdent les objets qui ont appartenu à cinquante-neuf confesseurs de la foi, ou ont joué un rôle dans leurs supplices. Là se trouvent les cangues des martyrs Borie et Bonnard, les lianes entrelacées et les cordes de rotin qui servirent à attacher M. Cornay, au moment de son exécution, etc. Vingt-un tableaux et quatre portraits de martyrs achèvent l'ornementation de la salle. Ces tableaux, qui sont à peu près tous de travail indigène, ou copiés sur leurs peintures, sont d'une originalité saisissante. Ils représentent dans toute leur crudité les différentes scènes qui ont rapport à la confession de foi des martyrs, savoir : l'arrestation, l'interrogatoire, la marche au supplice et l'exécution. « Malgré l'absence de l'art, ces peintures font frémir, a dit quelque part M. Louis Veuillot. On y voit les bourreaux léchant avec une joie féroce et bestiale leurs sabres teints de sang, et c'est en présence de ces enseignements augustes et terribles que les futurs missionnaires sentent se développer le saint amour des combats apostoliques. »

C'est là que le P. Dorie, en particulier, demandait tous les jours à Dieu les vertus qui font les apôtres et les rendent dignes du martyre. C'est là qu'il provoqua l'entrevue palpitante d'intérêt que nous allons raconter. Elle eut lieu entre lui et M. de Bessay, trois jours seulement après sa prêtrise. Il avait pressé le noble comte de venir le voir avant son départ pour les missions. Il tenait à le remercier une dernière fois de la générosité dont il avait fait preuve à son égard. Il le fit, non avec la froide politesse des gens du monde, mais avec cette élévation de sentiments et cette grandeur d'âme qui caractérise les saints. M. de Bessay se rendit, le 24 mai 1864, au parloir du grand séminaire, où il embrassa, à plusieurs reprises, son pieux protégé. Après avoir satisfait aux premiers épanchements de l'amitié, M. le comte conjura le jeune prêtre de reprendre le chemin de la Vendée, où sa famille l'attendait avec impatience.

Il lui traça le tableau le plus émouvant du chagrin de son frère et de ses sœurs, de la douleur profonde de son père et du désespoir de sa mère que son obstination à poursuivre ses projets conduirait infailliblement au tombeau. Il lui disait qu'il se faisait leur interprète et qu'il plaidait leur cause, en cette circonstance, avec d'autant plus de raison qu'il était toujours dans la persuasion que le travail des missions était au-dessus de ses forces physiques.

Le P. Dorie était trop aguerri aux combats contre la nature pour que ces derniers traits, quoique lancés par la main d'un bienfaiteur qu'il vénérait, pussent l'atteindre. Ces orages du cœur ne grondaient plus que dans une atmosphère inférieure à celle dans laquelle il s'était placé. L'esprit occupé de pensées d'un ordre bien supérieur, il se leva tout à coup et entraîna M. de Bessay dans la salle des martyrs. M. le comte, comme il nous l'a avoué depuis, se serait dispensé facilement de cette promenade à travers des rangées d'ossements humains et des instruments qui les avaient frappés, instruments encore couverts du sang de leurs victimes...; mais il ne put refuser de suivre le cœur héroïque qui lui en ouvrait le chemin. Ce qu'il avait prévu arriva : il lui fut impossible de parcourir la salle sans éprouver les émotions les plus vives et les plus fortes. Chose singulière ! ce fut encore moins le spectacle de la mort qu'il avait sous les yeux qui l'impressionna, comme il nous l'a écrit lui-même, que le calme du jeune prêtre lui racontant les scènes d'atrocité et de carnage qui avaient fait couler le sang des martyrs, sans que le rayon de joie pure qui brillait sur son front en fût le moins du monde altéré.

La visite était terminée ; on était à la dernière châsse, et celle-là se trouvait vide.

« Cher bienfaiteur, s'écria le futur apôtre, en se retournant subitement vers M. de Bessay, et en lui sautant au cou, c'est en présence de cette châsse que je tenais à vous exprimer toute ma reconnaissance pour l'éducation que vous m'avez procurée et qui m'a conduit ici.

C'est devant cette châsse vide que je veux vous dire tout mon bonheur et toutes mes espérances. Qui sait si elle ne m'est point destinée, si elle ne sera point la mienne un jour ? Ah ! si je meurs martyr, et que mes os viennent reposer ici, c'est à vous que je le devrai. Merci ! merci ! »

En prononçant ces mots, le visage du P. Dorie parut radieux comme celui d'un ange. M. le comte, ne pouvant répondre que par ses larmes, sortit en toute hâte de la salle, et comme il chancelait en descendant l'escalier, par suite des émotions qui le suffoquaient, son protégé le saisit par le bras et lui dit en souriant : « Eh bien ! les rôles sont donc changés, mon cher bienfaiteur : ce serait à vous à me soutenir dans ma faiblesse et à ranimer mon courage, et c'est vous qui avez besoin de mon appui ! Ah ! pardonnez-moi l'impression que je vous ai causée ; mais je tenais à me montrer reconnaissant et à vous dire de quel œil j'envisage le martyre ! »

Le protégé disait vrai, il ne désirait rien tant que de mourir pour Jésus-Christ ; et, maintenant que le sacrifice est consommé, son bienfaiteur est fier à son tour, de la gloire que son aumône a fait rejaillir sur toute la chrétienté, et, en particulier, sur l'Église de Luçon.

Nous verrons plus tard que le zèle du P. Dorie pour les missions et le désir qu'il avait du martyre ne précipitèrent en rien ses mouvements, mais qu'ils étaient subordonnés à la vertu qui en fait le mérite, à la vertu d'obéissance.

CHAPITRE SEPTIÈME.

LE P. DORIE A PARIS (suite). — TÉMOIGNAGE RENDU PAR SES CONDISCIPLES ET PAR SES DIRECTEURS. — DESTINATION POUR LA CORÉE. — NOUVEAUX ADIEUX. — FÊTE PATRONALE. — CÉRÉMONIE DU DÉPART. — DÉPART ET ARRIVÉE A MARSEILLE.

Le P. Dorie allait quitter le Séminaire des Missions-Etrangères, où il avait passé environ deux années. Avant de le suivre dans ses courses apostoliques, nous croyons utile de citer le témoignage qu'ont rendu de lui ses condisciples et ses maîtres. Nous le trouvons dans une lettre du 26 octobre 1866, écrite de Paris par le P. Gelot, un des nouveaux aspirants de la Vendée [1].

« Avant la nouvelle de son martyre, dit-il, on parlait encore ici du P. Dorie comme d'un jeune homme d'une simplicité, d'une naïveté et d'une candeur à ravir ; on l'aimait comme

1. Il est parti au mois de février 1867 pour la mission du Tong-Kin.

on aime un charmant enfant. Il y a encore au séminaire quelques confrères qui l'ont connu. Je les ai interrogés sur sa piété et ses rapports avec ses condisciples. Tous m'ont répondu qu'il avait une piété tendre et un amour de Dieu très-ardent, qui, malgré l'art qu'il avait de le dérober à leurs regards, perçait cependant assez pour les édifier et les exciter à la vertu. Quant à ses rapports avec eux, une candeur assaisonnée de gaieté et d'amabilité faisait le fond de son caractère. Il s'accommodait volontiers de la dernière place et laissait facilement la parole aux autres, et cela par charité et par humilité. »

« J'ai parlé aussi, continue-t-il, à ses anciens maîtres, et, en particulier, à M. le supérieur, qui avait été le directeur de sa conscience. Il m'a répondu : « Il était bon et vertueux à la manière de ceux qui le sont le plus et qui cherchent le moins à le paraître » ; et, comme il s'agissait d'un témoignage qui devait paraître dans une brochure, il a ajouté : « On peut, sans crainte, faire le portrait d'un jeune homme très-pieux, très-humble, très-aimable et y joindre, en même temps, les traits qui caractérisent un ecclésiastique très-zélé, et dire ensuite : Tel était le P. Dorie. »

Un de ses directeurs, le P. Delpech, avait écrit, de son côté, à M. le vicaire de Saint-Hilaire, le 28 septembre précédent : « M. Dorie nous a tous édifiés ici par sa piété, sa régularité, sa douceur simple et naïve et par le caractère le plus aimable. Nous avions tous gardé de lui le plus suave souvenir. Aujourd'hui, à ce sentiment vient s'ajouter celui de la vénération profonde qui est due au martyre. »

Paris eut les prémices de l'apostolat du P. Dorie ; dans les jours qui suivirent sa prêtrise, il eut la consolation de décider six personnes qui vivaient dans le concubinage à recevoir le sacrement de mariage. Mais son regard et sa pensée étaient tournés, avant tout, vers la mission que ses supérieurs étaient sur le point de lui désigner. Il l'attendait avec une pieuse résignation.

Après la descente du Saint-Esprit sur les apôtres, une heure vint où saint Pierre, leur chef, distribua en douze parts l'Empire romain qu'ils étaient chargés de conquérir à l'Évangile. Tous attendirent avec une sainte indifférence l'ordre du ciel ; mais aussitôt que la volonté de Dieu leur eut été manifestée, chacun d'eux s'éprit d'un amour immense pour la portion d'héritage qui lui était échue. André salua de loin sa chère Achaïe qui lui préparait une croix pour le faire mourir ; Philippe, la Perse qui se disposait à l'écorcher vif, et ainsi des autres, tandis que Pierre porta toutes ses affections vers Rome où il devait établir le siége de sa puissance à côté du trône des Césars.

Il se passa quelque chose de semblable aux Missions-Étrangères pour le P. Dorie. L'indifférence religieuse au sujet des postes et des emplois à remplir étant un cachet de sainteté, il en fit l'une de ses vertus favorites. Il écrivit à M. l'abbé Boudaud, à cette occasion, le 3 juin 1864 : « Je m'embarquerai bientôt pour aller où l'on voudra m'envoyer. Je ne sais rien encore là-dessus. La persécution recommence au Thibet. Les Coréens se convertissent en grand nombre. Il y aura au moins trois missionnaires pour cette contrée. On dit que j'en suis un. Plaise à Dieu qu'il en soit ainsi ! Mais là ou ailleurs, peu importe. Je n'y pense pas plus que si je ne devais jamais partir. Priez pour que ce calme dure toujours. » Quelques jours après vint le moment de la distribution des diverses missions, c'était le 13 juin : quelle sera la sienne ? Sera-t-il envoyé au Tong-Kin, en Chine, au Thibet ? Son zèle pourrait s'exercer avec assez de liberté dans toutes ces régions, à l'ombre du drapeau français ; mais non, il aura en partage la Corée, la Corée, cette terre qui dévore les étrangers; la Corée, ce sol insatiable du sang chrétien ! Au nom de Corée, le P. Dorie tressaille de bonheur. La Corée n'est plus pour lui la terre barbare, stérile et ingrate : c'est l'épouse que Jésus lui donne, il en parle avec transport, il lui donne toutes ses pensées, tous ses désirs, toute son affection, en attendant qu'il puisse lui donner son temps, son travail, sa vie. « Monsieur l'abbé, écrivit-il le même jour au vicaire de sa paroisse, la grande nouvelle, la bonne nouvelle pour vous est de connaître ma mission. Tournez la page, et lisez :

« Vive la Corée ! je vais en Corée avec trois de mes confrères. Priez le bon Dieu pour moi et remerciez-le de m'avoir donné une si belle mission. »

Il écrivit, à l'occasion de son départ, plusieurs lettres d'adieu. Elles expriment trop bien sa foi et les nobles sentiments de son cœur, pour que nous n'en citions pas au moins quelques extraits.

Il disait le 5 juillet, à Henri Rimbaut, son compatriote et son ami : « Je pars pour la mission de Corée, je viens te faire mes adieux, car je t'aime toujours beaucoup. Je pars, mais je ne t'oublierai jamais. J'emporte gravé dans mon cœur le doux souvenir de notre amitié. Je pars, je me trouve heureux de pouvoir témoigner mon amour à Notre Seigneur par le sacrifice que je vais faire en quelques jours. J'abandonne mon père et ma mère, mais j'ai l'espoir de les retrouver au ciel. Je les abandonne pour Dieu, le sacrifice est moins pénible. *Souffrir pour Dieu est désormais ma devise favorite.* Je ne sais ce qui m'attend en Corée, mais que la sainte volonté de Dieu soit faite! Adieu! je t'embrasse sur les deux joues et te donne ma bénédiction. Je désire que tu fasses un saint prêtre : adieu, nous nous retrouverons un jour dans la patrie. Adieu, frère, adieu ! »

A l'un de ses moniteurs au grand séminaire de Luçon, il disait : « Il faut partir, adieu !

Le quinze du mois prochain, je me mettrai en route pour la mission de Corée, devenue, par la nomination de mes supérieurs, mon champ de bataille. La grande difficulté est de pouvoir entrer dans ce royaume. Une loi inique condamne à mort tout étranger qui pénètre dans cette contrée. Quoi qu'il en soit, nos confrères ont su y pénétrer, ils y demeurent depuis longtemps, travaillent dans l'ombre, et les chrétiens se multiplient par centaines. Aidés de vos bonnes prières, mes trois confrères et moi saurons forcer la consigne pour aller aider nos missionnaires fatigués. De nombreuses difficultés m'attendent, je le sais ; ma vie se passera dans les huttes ou les antres des rochers, au milieu des neiges et des glaces ; mais si je suis uni à Dieu, qu'ai-je à craindre ? Pensez à moi souvent au saint Autel, afin que Dieu daigne me remplir de l'esprit intérieur et du zèle apostolique, ainsi que les trois confrères qui viennent avec moi en Corée. Adieu ; un jour au ciel ! »

Il avait toujours eu une grande affection pour les condisciples qui étaient de son cours. Il leur envoya, à Luçon, une lettre collective dans laquelle il leur disait : « Bien chers amis, le divin Maître m'appelle, je pars, adieu ! Mais ne croyez pas que la distance des lieux puisse me séparer de vous. Non, le souvenir des beaux jours passés avec vous est trop profondément gravé dans mon cœur pour que l'on puisse l'en arracher. Ce souvenir me rappellera le rendez-vous commun au ciel notre patrie : et ainsi aiguillonné, je travaillerai peut-être avec plus de zèle. Et vous, chers amis, penserez-vous au pauvre petit missionnaire perdu au milieu des neiges et des glaces des montagnes? Croire le contraire serait vous faire injure. Quoique à six mille lieues les uns des autres, nous travaillerons à la même vigne et pour le même père de famille qui est Dieu, pour la même récompense, le ciel. Que les plus parfaits aident les moins parfaits par leurs bonnes et ferventes prières, et tout ira bien. Pour moi, chers amis, j'en ai plus besoin que tout autre, car ma mission est difficile. Ma tête est mise à prix, mais qu'importe ! Si vous priez assez pour moi, je pourrai remporter la palme. Vive la Corée ! »

Dans une lettre à son bien-aimé Théophile, il s'exprimait ainsi : « Adieu, beaux jours passés sur les bords de l'océan ! adieu, bocage bien-aimé ! adieu, ma chère Vendée, adieu ! je pars. Je vois la Corée qui me tend les bras ! elle demande des ouvriers à grands cris, j'y cours, bien cher ami. Je vis déjà d'esprit et de cœur au milieu de mes chers chrétiens. Déjà, dans mes rêves, j'ai franchi leurs montagnes ; mon œil y a vu la petite cachette du missionnaire creusée dans leur flanc. *Qu'il est bon, le Dieu d'Israël!* Une telle mission est digne d'un meilleur ouvrier. »

Enfin, il terminait une lettre écrite à un autre ami par ces mots : « Que tes bonnes prières me rendent digne de la belle mission de Corée pour laquelle je suis désigné. Je te demande encore plus, il faut que tu m'obtiennes la grâce du martyre. »

Le 15 juillet surprit le P. Dorie dans ces saintes dispositions. C'était le jour fixé pour son départ. A cette nouvelle, M. l'abbé Guitton, son ancien directeur, et M. l'abbé Just Dreneau, l'un de ses anciens moniteurs, se rendirent à Paris pour lui faire leurs adieux. Ils représentaient la Vendée et plus particulièrement les séminaires par où il était passé. M. l'abbé Boudaud, qui les accompagnait, était délégué spécialement par a paroisse natale, par ses chers parents, par son digne curé et par ses bienfaiteurs. Le 15 coïncidant avec la Saint-Henri, ils se joignirent le 14, au soir, aux Pères Guichard, Cousin et Michaud, Vendéens comme eux, pour lui souhaiter sa fête. Le P. Cousin avait composé, pour cette circonstance, quelques couplets qu'on pourrait appeler prophétiques, car il lui annonçait que moins d'un an après son entrée en Corée, sa tête tomberait sous le sabre du bourreau, et que le ciel compterait alors deux saints Henri. Voici ces couplets dans toute leur naïve simplicité :

Air : *Le fou de Tolède.*

Un jour, naquit au fond de la Vendée
Un Vendéen ;
Et Dieu disait : Voilà pour la Corée
Un Coréen
Déjà fixé, le jour qui nous l'emmène
Etait écrit ;
Et Dieu souffla tout bas à sa marraine
Le nom d'Henri.

Hélas ! ce jour l'emporte sur ses ailes
Jusque là-bas !
Nous n'aurons plus de lui que des nouvelles
Jusqu'au trépas.
Sans une pierre où reposer sa tête,
Et sans abri,
Où sera-t-il quand reviendra la fête
De saint Henri ?

A son aspect, dans une autre patrie,
En ce temps-là,
L'enfer dira : Je ne crains que Dorie,
Et le voilà !
Peut-être, alors, on coupera sa tête
Pour Jésus-Christ ;
Et deux fois l'an pour nous viendra la fête
De saint Henri.

Quand une fois la sanglante couronne
Ceindra ton front,
Pour obtenir de Dieu qu'il me la donne,
Sois mon patron ;
C'est le bonheur qu'à tous deux je souhaite.
S'il te sourit,
Offre ce vœu, comme un bouquet de fête,
A saint Henri [1].

1. Le P. Cousin est aujourd'hui missionnaire au Japon.
(*Note de l'auteur.*)

En attendant, à pied sec passe l'onde
Sur un vaisseau.
Envole-toi jusques au bout du monde
Comme un oiseau,
Pour y chanter déjà la cage est prête ;
Heureux proscrit,
Pour toi toujours, alors, il sera fête,
Mon cher Henri.

Le P. Dorie avait si souvent rêvé et convoité le coup de sabre dont le P. Cousin le menaçait, qu'un sourire de contentement épanouit son visage pendant le chant de ces couplets. Il le remercia affectueusement du vœu qu'il formait pour lui.

La cérémonie, dite *du départ*, eut lieu le lendemain. On l'appelle du *départ* parce qu'elle se célèbre dans l'église des Missions-Étrangères à chaque départ de missionnaires. Quoiqu'elle se renouvelle plusieurs fois chaque année, elle attire toujours un nombre considérable de spectateurs. Elle ne fatigue jamais le cœur. Voici en quoi elle consiste. Le soir, à l'heure où le calme de la nuit invite les âmes à se recueillir, les aspirants et les directeurs se rendent à l'oratoire de la sainte Vierge. Là on chante l'*Ave, maris Stella, Je vous salue, Etoile de la mer,* avec les invocations, *Regina apostolorum, Regina martyrum, ora pro nobis: Reine des apôtres, Reine des martyrs, priez pour nous.* On entonne ensuite le *Magnificat*, et on se rend processionnellement à l'église de Saint-François Xavier, où, après le chant du *Veni creator*, un confesseur de la foi échappé aux prisons du Tong-Kin, de la Chine ou d'ailleurs, fait, d'ordinaire, une courte allocution sur les vertus qu'exigent les missions lointaines et sur les heureux fruits qu'elles procurent. L'orateur fait appel à l'héroïsme des aspirants; il les convie, non aux joies de la famille et aux plaisirs du monde, ils y ont renoncé pour toujours, mais à l'immolation et au sacrifice. Il ne leur montre à l'horizon de l'avenir qu'une chose, la souffrance, la torture, le cachot, la cangue, la mort. Ce discours qui n'a besoin pour être éloquent que de tracer le tableau fidèle de la vie d'un apôtre, arrache souvent des larmes aux cœurs les plus endurcis. Les émotions qu'il provoque ne sont pas effacées, que des impressions nouvelles et plus vives encore viennent agiter les âmes.

Les missionnaires qui doivent partir montent jusqu'au pied du tabernacle, et là, debout, le visage tourné vers l'assistance, ils sont l'objet d'une ovation qu'ambitionneraient les plus grands conquérants. Toutes les têtes s'inclinent par respect, en présence des représentants de l'apostolat catholique; tous les genoux se courbent, et chacun vient, comme en rampant, embrasser ces pieds qui vont bientôt porter au monde païen le flambeau de la foi; ces pieds qui courront après la brebis infidèle pour l'amener au bercail du Sauveur; ces pieds que les tyrans ne pourront arrêter que lorsqu'ils les auront chargés de chaînes; ces pieds qui sont peut-être les pieds de futurs martyrs.

Pendant ce temps-là on chante en chœur le psaume *In convertendo*, et chacun redit, comme refrain, le texte prophétique d'Isaïe : *Quam speciosi pedes evangelizantium pacem, evangelizantium bona*[1]*! Qu'ils sont beaux les pieds de ces anges terrestres qui touchent à peine la terre et qui courent d'un pôle à l'autre pour prêcher la paix et le règne de Jésus-Christ, source de tout bien*

1. Is., LII, 7.

et de tout bonheur ! A ce chant succède celui du *Benedictus*, avec la répétition du verset : *Illuminare his qui in tenebris et in umbra mortis sedent ; ad dirigendos pedes nostros in viam pacis. Allez, astres brillants, porter la lumière chez ceux qui sont assis dans les ténèbres et dans les ombres de la mort. Allez, dirigez leurs pas dans les sentiers de la grâce et de la paix.* Puis vient le chant du départ. Ce sont les touchants adieux des jeunes aspirants à leurs frères aînés. On en relit toujours les stances avec plaisir :

Partez, hérauts de la bonne nouvelle :
Voici le jour appelé par vos vœux,
Rien désormais n'enchaîne votre zèle :
Partez, amis, que vous êtes heureux !
Oh ! qu'ils sont beaux vos pieds, missionnaires !
Nous les baisons avec un saint transport :
Oh ! qu'ils sont beaux sur ces lointaines terres
Ou règnent l'erreur et la mort !

REFRAIN.

Partez, amis, adieu pour cette vie,
Portez au loin le nom de notre Dieu ;
Nous nous retrouverons un jour dans la patrie :
Adieu, frères, adieu !

Qu'un souffle heureux vienne enfler votre voile;
Amis, volez sur les ailes des vents;
Ne craignez pas; Marie est votre étoile :
Elle saura veiller sur ses enfants.
Respecte, ô mer! leur mission sublime;
Garde-les bien; sois pour eux sans écueil;
Et sous ces pieds qu'un si beau zèle anime,
De tes flots abaisse l'orgueil.

Hâtez vos pas vers ces peuples immenses;
Ils sont plongés dans une froide nuit.
Sans vérité, sans Dieu, sans espérances,
Infortunés! l'enfer les engloutit.
Soldats du Christ! soumettez-lui la terre;
Que tous les lieux entendent votre voix;
Portez partout la divine lumière,
Partout l'étendard de la croix.

Empressez-vous dans la sainte carrière;
Donnez à Dieu vos peines, vos sueurs;
Vous souffrirez et votre vie entière
S'écoulera dans de rudes labeurs.
Peut-être aussi tout le sang de vos veines
Sera versé; vos pieds, ces pieds si beaux,
Peut-être, un jour, seront chargés de chaînes,
Et vos corps livrés aux bourreaux!

Partez, partez, car vos frères succombent;
Le temps, la mort ont décimé leurs rangs;

Ne faut-il pas remplacer ceux qui tombent
Sous le couteau de féroces tyrans?
Heureux amis, partagez leur victoire ;
Suivez toujours les traces de leurs pas,
Dieu vous appelle, et du sein de la gloire
Nos martyrs vous tendent les bras.

Soyez remplis du zèle apostolique ;
La pauvreté, les travaux, les combats,
La mort : voilà l'avenir magnifique
Que notre Dieu réserve à ses soldats.
Mais parmi nous, il n'est point de cœur lâche ;
A son appel tous nous obéirons ;
Nous braverons et la cangue et la hache,
Oui, s'il faut mourir nous mourrons.

Bientôt, bientôt nous courrons sur vos traces,
Cherchant partout une âme à convertir ;
Nous franchirons ces immenses espaces,
Et nous irons tous prêcher et mourir.
Oh ! le beau jour, quand le Roi des apôtres
Viendra combler le désir de nos cœurs,
Récompenser vos travaux et les nôtres,
Et nous proclamer tous vainqueurs !

En nous quittant vous demeurez nos frères :
Pensez à nous, devant Dieu, chaque jour ;

Restons unis par de saintes prières,
Restons unis dans son divin amour.
O Dieu Jésus ! notre roi, notre maître,
Protégez-nous, veillez sur notre sort :
A vous nos cœurs, notre sang, tout notre être,
A vous, à la vie, à la mort !

REFRAIN.

Partez, amis, adieu pour cette vie ;
Portez au loin le nom de notre Dieu ;
Nous nous retrouverons un jour dans la patrie.
Adieu, frères, adieu !

La cérémonie du départ dure ordinairement trois quarts d'heure, tant la foule est nombreuse. On y voit souvent un ami qui pleure celui qu'il aime, tout en enviant son bonheur ; un parent qui arrose de ses larmes les pieds de celui qui lui est uni par les liens du sang ; un père qui retient les sanglots qui l'étouffent de peur de faire injure au glorieux apostolat de son fils. Les incrédules qui sont mêlés au groupe des fidèles, car il s'en trouve toujours, ne tiennent pas à ce spectacle, ils sont attendris, bouleversés comme les autres. Un colonel, qui en fut un jour témoin, disait après : « Ou ils sont tous fous, ou ils sont tous des saints! » Le P. Dorie, citant ce mot, interpellait ainsi le colonel dans une de ses lettres : « Vous avez bien dit, colonel, oui, ils sont tous fous de la folie de la croix. O sainte et sublime folie! Quand viendras-tu t'emparer de mon esprit? Quand rempliras-tu tout mon être? »

La cérémonie du départ eut lieu pour lui et pour ses compagnons de voyage le 15 juillet, à sept heures et demie du soir. Au sortir de l'église, dix missionnaires s'acheminèrent vers la gare du chemin de fer de Lyon, où ils montèrent en wagon à neuf heures. Quatre d'entre eux étaient destinés pour la Corée; c'étaient : 1° Le P. Siméon-Marie-Antoine-Just Ranfer de Bretenières, originaire du diocèse de Dijon, né le 28 février 1838 à Châlons-sur-Saône; 2° le P. Bernard-Louis Beaulieu, né à Langon, diocèse de Bordeaux, le 8 octobre 1840; 3° le P. Martin-Luc Huin, né à Guyonville, diocèse de Langres, le 20 octobre 1836; 4° enfin le P. Henri Dorie dont nous écrivons la vie. Martyrisés la même année et le même mois, leurs noms seront désormais irrévocablement unis dans les fastes de l'Eglise, comme ils le sont maintenant dans le ciel. Le P. Dorie parle plus souvent dans ses lettres du P. Bretenières qu'il ne nomme guère que le *grand Just,* à cause de sa haute taille, et du P. Beaulieu qui fut en Corée le directeur de sa conscience. Il avait pour eux une affection toute particulière, comme s'il eût prévu qu'il dussent cueillir un jour, à la même heure, la palme du martyre.

Au moment où le train partit, les dix missionnaires s'écrièrent tous, d'un commun accord : « *Deo gratias !* » *Grâces soient rendues à Dieu.* Puis ils entonnèrent l'itinéraire ; c'était bien le cas de le réciter, le voyage qu'ils entreprenaient ne devant cesser qu'aux rivages de l'éternité. Aussi, quand ils furent arrivés à ces paroles : *Ut revertamur ad propria,* prière par laquelle le voyageur demande à Dieu la grâce de revoir la patrie et de se rasseoir au foyer paternel, ils firent une halte pour protester hautement qu'ils n'avaient plus d'autre ambition que de parvenir à la véritable patrie qui est le ciel.

Un des missionnaires était de Valence. Quand le train eut atteint cette ville, il descendit dans la gare avec ses confrères, pour embrasser sa mère et lui donner rendez-vous au ciel. Cette mère s'était fait accompagner d'un prêtre pour soutenir son courage. « Certes, dit le P. Dorie, il était bien à sa place ce digne prêtre, car la pauvre veuve poussait des cris déchirants. Pour nous, notre sacrifice était fait ; nous continuâmes gaiement notre route. »

Les missionnaires restèrent trois jours à Marseille, et profitèrent de ce temps pour faire un pèlerinage à Notre-Dame-de-la-Garde et célébrer la sainte Messe dans ce pieux et célèbre sanctuaire.

Pendant ce temps-là, le navire qui devait les transporter à Alexandrie faisait ses préparatifs, et la vapeur allait bientôt gronder pour fendre les flots de la Méditerranée et les emporter en Orient.

CHAPITRE HUITIÈME.

LE P. DORIE EN ÉGYPTE. — LA MER ROUGE. — L'OCÉAN INDIEN. — CEYLAN-SINGAPORE. — SAÏGON. — SÉJOUR A HONG-KONG. — TRAVERSÉE DE LA MER JAUNE. — ARRIVÉE EN MANDCHOURIE. — YANG-KOUANE.— NOTRE-DAME-DES-NEIGES. — SAINT-JOSEPH-DES-OURS.

Les missionnaires firent le 19 juillet leurs adieux à la France. Montés sur le *Saïd* qui devait les transporter en Egypte, ils saluèrent pour la dernière fois, à deux heures après midi, les rivages de la patrie. Les vagues de la Méditerranée se soulevèrent légèrement au sortir du port. Il n'en fallut pas davantage pour donner au P. Dorie le mal de mer. Il était sur le pont. « Mon dîner d'abord et un peu plus tard mon déjeuner, écrivit-il de Hong-Kong, sautèrent à pieds joints par-dessus la rampe et passèrent de mon estomac dans celui des poissons. » Le *Saïd* entra le 25 dans le port d'Alexandrie. Quelques heures après, les missionnaires montèrent en chemin de fer et arrivèrent à trois heures au Caire.

Le train s'étant arrêté en route en face de tentes innombrables qui couvraient plus d'une lieue de terrain, ils purent assister un moment à la foire que les Egyptiens, au nombre de 6 à 700,000, tenaient pour célébrer la fête d'un de leurs saints. Ce saint était simplement un homme mort par suite d'aliénation mentale. Dans l'empire musulman, à Constantinople comme ailleurs, les fous sont considérés comme inspirés de Dieu. Le cœur du P. Dorie se serra à cette vue. Il aurait voulu descendre de son wagon pour prêcher ces fanatiques, mais il se devait à la Corée qui lui avait été donnée en partage. Le lendemain 26 les missionnaires parvinrent à Suez, à trois heures du soir, après avoir traversé près de quatre-vingts lieues d'affreux désert. Un navire arabe les conduisit immédiatement sur le *Cambodge* qui était en partance pour la Chine.

La traversée de la mer Rouge fut plus pénible que celle de la Méditerranée. Parti de Suez le 27, le paquebot atteignit Aden quatre jours après par une chaleur étouffante de 40 degrés. Aden, avec son ciel embrasé, ses rochers calcinés et dépouillés de toute verdure, et ses habitants au teint noir ou cuivré offrit au P. Dorie une image vivante de l'enfer. Le *Cambodge* reprit la mer le 2 août, doubla le cap et entra le soir dans l'océan indien. Malheureusement c'était l'époque de la Mousson, vent terrible et périodique qui l'agite non-seulement à la surface, mais jusque dans ses profondeurs. Aussi les missionnaires, ballottés par les flots, furent-ils tous pendant neuf jours malades à mourir. Il leur suffit pour se guérir de mettre le pied à Pointe de Galles (Ile de Ceylan) où le navire relâcha le 11 pour y passer vingt-quatre heures. Les missionnaires se firent conduire chez le bénédictin espagnol qui évangélise cette île. Ce vénérable religieux les reçut avec unc grande cordialité. Un enterrement qu'il leur fit chanter en grande pompe attira autour d'eux une multitude d'Indiens qui portaient au cou pour la plupart leur chapelet et leur médaille. Ceux qui n'avaient pu se procurer ces pieux objets en demandèrent aux missionnaires, qui s'empressèrent de leur distribuer tous ceux qu'ils avaient sur eux. Un prince de l'île nouvellement converti sollicita l'honneur de leur rendre visite. Ils le reçurent à bras ouverts et ils chantèrent ensuite avec enthousiasme le refrain d'un cantique que l'un d'eux avait composé :

L'Indien n'est-il pas notre frère,
Fils comme nous de l'Éternel ?
Est-il une terre étrangère
Pour qui la patrie est au ciel ?

Si Aden fut pour le P. Dorie l'image de l'enfer, comme il l'écrivit en Europe, Ceylan, par la richesse de sa végétation et son ciel pur et embaumé, lui donna une idée du paradis terrestre.

La mer étant encore mauvaise, le pieux missionnaire éprouva de nouvelles souffrances du 13 au 16 du mois d'août. Mais enfin à l'agitation des vagues succéda, dans le détroit de Malacca, un calme plat qui lui permit d'offrir le saint sacrifice de la messe. Dans la relation qu'il fit à ses parents de son voyage, il leur disait : « Quelle que soit la distance qui nous sépare, je suis souvent avec vous par l'esprit, toujours je m'y trouve par le cœur. Ce matin 18 août, en célébrant la sainte messe au milieu de l'océan indien, j'ai pensé à vous d'une manière toute particulière. Nous sommes dans la région des orages, nous en avons deux ou trois par jour, mais ils sont peu terribles : beaucoup d'éclairs et de pluie, quelques coups de tonnerre, peu de vent, et voilà tout. Ce temps-là, nous disent les matelots, nous conduira jusqu'en Cochinchine. Nous sommes les enfants de la Providence, nous ne craignons rien. Vendredi soir 19 nous devons arriver à Singapore. » Ils y entrèrent le 20 au matin ; ils étaient dans leurs missions. Ils avaient eu pour compagnons de voyage deux ministres anglicans qui, eux aussi, allaient faire à leur manière de la propagande religieuse en Orient.

Un coup de canon parti du fort, ayant annoncé leur arrivée, trois missionnaires accoururent au port pour emmener leurs confrères à la procure de leur établissement où les attendait un déjeuner confortable. Ils furent heureux d'y trouver sept des leurs et de donner à chacun l'accolade fraternelle ; ils pressèrent sur leur cœur avec une joie toute particulière M. Borie, le frère du vénérable évêque de même nom martyrisé au Tong-Kin en 1838. Le P. Dorie écrivit à cette occasion à M. le comte de Bessay : « Je doute que les deux ministres protestants qui voyageaient avec nous aient eu un semblable accueil chez leurs coreligionnaires ». En effet, la religion catholique seule a le secret de faire trouver des frères partout où le Vicaire de Jésus-Christ compte des enfants.

L'heure du départ sonna. Les missionnaires Coréens se rembarquèrent, laissant à terre un de leurs confrères qui devait se rendre à Siam. Ils furent reçus avec le même empressement à Saïgon où ils abordèrent deux jours et demi après. Mgr Lefebvre, évêque d'Isauropolis et ancien confesseur de la foi, les reçut avec une grande bonté. Il paya la bienvenue et réunit à sa table dix-neuf de ses missionnaires, ce qui porta à vingt-trois le nombre des convives. Ils furent servis à l'apostolique, comme il convenait à des confesseurs de la foi, car plusieurs parmi eux avaient subi la question et souffert pour Jésus-Christ. La gaieté la plus franche et la plus cordiale assaisonna ce repas de famille : joie innocente et bien légitime ; c'était pour eux la première et la dernière entrevue sur cette terre. La nuit sépara l'assemblée.

A part cette charmante hospitalité, Saïgon laissa dans l'âme pudique du P. Dorie un triste souvenir. Il raconta les sentiments de répulsion qu'il y éprouva dans plusieurs de ses lettres. « Il y règne une corruption telle, disait-il, que même en plein jour on ne peut marcher les yeux ouverts. »

Partis de Saïgon le 24 au matin, les missionnaires cotoyèrent l'empire d'Annam par un soleil magnifique ; mais une chaleur étouffante et un calme plat, avant-coureur du typhon, jeta le 27 au matin le commandant dans de sérieuses inquiétudes. Il se hâta de gagner la haute mer. La Providence sembla diriger un moment le gouvernail, car tandis que des navires éprouvaient des avaries ou coulaient à fond à côté de lui, le *Cambodge* entra tranquillement dans la rade de Hong-Kong, le dimanche 28, à 6 h. du matin.

Les quatre missionnaires Coréens ne devaient s'arrêter qu'à Sanghaï pour y prendre environ cinq mois de repos, et attendre que la fonte des neiges et de la glace leur permît d'entrer dans leur chère mission ; mais le procureur de la mission de Hong-

Kong les retint dans cette ville. C'est là que pendant un mois ils réparèrent leurs forces épuisées par une navigation longue et périlleuse. Des circonstances imprévues avaient changé l'itinéraire qu'ils avaient à parcourir. La crainte fondée d'une persécution en Corée avait décidé les supérieurs à les faire passer par la Mandchourie, où Mgr Vérolles, évêque de Colombie et vicaire apostolique de cette contrée, devait les recevoir et leur ménager une occasion favorable pour parvenir à leur mission. C'était allonger leur route de plusieurs centaines de lieues. C'était aussi mettre leur santé à une terrible épreuve, car à la température de trente-cinq degrés de chaleur qui régnait à Hong-Kong au mois de septembre, allait succéder brusquement pour eux en Mandchourie celle de trente-cinq degrés de froid. Mais que leur importait ? Dieu le voulait ainsi ; ils ne savaient qu'une chose, se soumettre et obéir. Le P. Dorie, en rendant compte de ce contretemps à M. le vicaire de Saint-Hilaire, lui disait : « Que voulez-vous ? c'est notre apprentissage. L'occasion de pénétrer en Corée se trouve plus facile par là, nous en profitons. »

Et il ajoutait : « Mais nous n'y sommes pas rendus ; les pirates de la mer Jaune pourraient bien auparavant nous descendre la tête de dessus les épaules ; mais après tout ce ne serait pas un si grand mal. Que la sainte volonté de Dieu soit faite ! Le rendez-vous est au ciel ; heureux qui pourra y arriver le premier ! »

De telles paroles n'ont pas besoin de commentaires. Il est évident que le P. Dorie aspirait de plus en plus à la gloire du martyre, et que dès le premier jour de sa carrière apostolique il pouvait dire comme l'Apôtre : « *Qui donc pourra me séparer de l'amour de Jésus-Christ ? Sera-ce l'affliction ou les angoisses, ou la faim, ou la nudité, ou les périls, ou la persécution, ou le fer ? Je suis sûr que ni la mort, ni la vie ne pourront arracher de mon cœur la charité de mon Dieu*[1]. »

On donne communément le nom de Hong-Kong au groupe d'îles qui avoisinent le continent chinois, en face de Canton. Une seule est habitée par les Européens de toutes nations qui s'y trouvent mêlés avec 120,000 Chinois

1. Rom., VIII, 35.

dans une ville qui porte spécialement le nom de Hong-Kong. L'île a le nom de Victoria, parce qu'elle appartient aux Anglais. Comme on y jouit d'une grande liberté, la Congrégation des Missions-Étrangères y a établi la procure générale de ses missions d'Orient. Le P. Dorie y passa des jours heureux. Une seule chose affligea son cœur de prêtre : ce fut une fête païenne que les Chinois célébraient en l'honneur de leurs idoles, pendant laquelle ils brûlèrent en leur honneur force papier, et firent partir une quantité fabuleuse de pétards. « Ah ! pauvre peuple ! s'écriait-il dans une lettre adressée à M. de Bessay, quand donc laisseras-tu tes superstitions pour rendre au seul vrai Dieu l'hommage que tu prostitues à des images insensibles ? »

Le 29 septembre, le canon du pic Victoria annonça l'arrivée du paquebot français l'*Hydaspe* qui venait chercher les voyageurs qui voulaient se rendre à Sanghaï. Les missionnaires y prirent place à cinq heures du soir. Le mal de mer reprit aussitôt le P. Dorie qui fut indisposé jusqu'au canal de Formose. Débarqué à Sanghaï, le 5 octobre, il monta le 7 avec ses confrères sur un navire suédois, l'*Eclipse*, qui faisait voile vers Ing-Tzeu, province du Léao-Tong. Ils descendirent pendant trois jours le fleuve Bleu, et ils voguèrent ensuite dans la mer Jaune. Ils ne furent point attaqués par les pirates, comme on aurait pu le craindre, mais le navire fut assailli pour une affreuse tempête qui en quarante-huit heures le transporta en face d'une île de la Corée. Atteints du mal de mer, les quatre missionnaires ne purent contempler cette terre tant désirée qu'ils étaient venus chercher de si loin. Le P. Dorie le regretta beaucoup. « Si je n'eusse pas été au lit, écrivit-il au vénérable curé de sa paroisse, j'aurais pu voir une île de ma chère mission. Dieu ne l'a pas voulu ! Oh ! que nous eussions été contents de débarquer et de travailler de suite à la conversion des infidèles ! Mais non, une bordée en sens inverse nous ramena sur les côtes de Chine. » La tempête s'étant calmée peu à peu, le navire put regagner la haute mer et cingler vers le port. Après trois jours de bon vent, il n'en était qu'à quelques milles; mais sur les sept heures du soir, dans un moment où personne ne se tenait sur ses gardes, un coup de vent s'abattit tout à coup sur l'*Eclipse* avec une telle furie que le mât d'artimon fut brisé et que le navire relancé au large fut pendant deux jours sous l'action d'un roulis continuel. Jamais les matelots du bord n'avaient été le jouet d'un pareil ouragan. Quand la tourmente fut apaisée, ils mirent un jour entier à regagner le terrain perdu. Enfin on aperçut le fleuve. Pour l'aborder, il fallait un pilote du pays : le pilote chinois se fit longtemps attendre. Quand il fut à bord, un vent contraire du nord-est empêcha pendant trente-six heures le bâtiment d'avancer. Lorsqu'après ce laps de temps on eut jeté l'ancre à l'entrée du fleuve Léao, un vent contraire qui s'éleva de nouveau y retint encore l'*Éclipse* pendant huit jours. Ce ne fut que le 28 octobre qu'elle put toucher au port de Ying-Tzeu, ou de Tin-Kao.

La traversée avait été de vingt-un jours au lieu de dix. Ce furent pour le P. Dorie presque autant de jours d'agonie. Mais quand son corps était en proie à des agitations fiévreuses, et que la nature bouleversée offrait l'image du chaos, son âme unie à Dieu avait toute la sérénité d'un ciel pur et sans nuage.

Aux difficultés du côté de la mer vinrent se joindre pour les missionnaires d'autres déboires du côté du continent. Ils n'étaient qu'à dix lieues de leur confrère, M. Métayer, qui habitait Yang-Kouane, mais leur embarras était de pouvoir le joindre avec leurs malles. La Providence vint à leur secours. Les PP. Huin et de Bretenières descendirent à terre et s'abouchèrent avec des commerçants anglais auxquels ils avaient été recommandés. Ces honnêtes industriels se chargèrent de leur trouver deux chariots et des chevaux ; ils invitèrent même les quatre missionnaires à déjeuner avec eux. Après le repas, les PP. Dorie et Beaulieu montèrent à cheval, tandis que les deux autres Pères grimpaient sur les chariots. Pour ne pas trop les charger, ils ne prirent avec eux que leurs sacs de nuit, laissant leurs bagages à Tin-Kao. Malgré cela, les chemins étaient tellement défoncés qu'à tout moment les chariots enfonçaient dans la boue jusqu'au moyeu et les chevaux jusqu'au ventre. Au lieu de faire les dix lieues dans leur journée, les trois conducteurs s'obstinèrent à s'arrêter dans une auberge avant la nuit. Il fallut y souper et y coucher.

Une auberge chez les Chinois Mandchoux est une longue galerie où se trouvent des fourneaux en brique élevés de deux pieds au-dessus de terre qu'on appelle *Kan*, qui sont chauffés et sur lesquels on se couche pour ne pas geler de froid. Souvent on ne trouve rien à manger dans ces hôtelleries. Il est toujours prudent d'emporter avec soi ses provisions, seulement il faut veiller à leur conservation et ne pas dormir auprès d'un trop profond sommeil, car on est entouré de gens dont la grande préoccupation est de dévaliser, le plus adroitement possible, leurs voisins. Dans un hôtel chinois, la chambre d'honneur est la chambre consacrée aux idoles dont les images grotesques feraient peur aux enfants d'Europe et font rire de pitié les chrétiens.

C'est dans cette chambre que les quatre missionnaires passèrent la nuit du 29 octobre. L'enfer dut tressaillir d'épouvante. Quant aux représentants du Christ, ils en sortirent le lendemain matin couverts de puces et de poux, symboles de la dégradation morale à laquelle Satan réduit ses adorateurs. Ils continuèrent leur route et arrivèrent chez M. Métayer assez à temps pour pouvoir célébrer la sainte messe. C'était le dimanche 30 octobre.

M. Métayer se montra on ne peut plus aimable à leur égard. Il se chargea de leur procurer les moyens de transport pour arriver à Notre-Dame-des-Neiges, résidence de Mgr Vérolles, vicaire apostolique de la Mandchourie, et il expédia des chrétiens à Tin-Kao, pour amener leurs malles à Yang-Kouane. Les missionnaires célébrèrent avec lui les fêtes de la Toussaint et ne partirent que le 3 novembre pour aller saluer Monseigneur et prendre ses ordres. Il leur fallut deux grandes journées pour faire les quinze lieues d'affreuse traverse qui les séparaient de lui ; mais ils marchaient avec d'autant plus de joie et d'assurance que cette fois-là ils avaient des chrétiens pour conducteurs. La première journée fut pénible, le chariot qu'ils avaient loué versa dans la boue, et on eut toutes les peines du monde à le relever. « Il aurait versé bien d'autres fois, écrivit le P. Dorie, si nos anges gardiens n'eussent pas veillé sur nous. » Ils eurent du moins la consolation de passer la nuit dans une chrétienté où ils furent parfaitement reçus. Pour la première fois ils firent un souper à la chinoise, c'est-à-dire qu'au lieu de fourchettes ils se servirent, pour pincer les morceaux de viande et les faire sauter dans leur bouche, de deux petits morceaux de bois, ou de deux bâtonnets de deux décimètres de long. Ils ne purent s'empêcher de rire les premiers de leur peu d'adresse à manier ces ustensiles. Ils firent leurs prières et logèrent chez le catéchiste étendus sur un fourneau. Le second jour ils furent assaillis deux fois par des bandes de soldats aussi brigands que les brigands auxquels ils étaient censés faire la chasse. Ils ne furent épargnés que parce qu'on les crut armés jusqu'aux dents, comme le sont les Anglais que leur commerce appelle dans ces contrées. Une de ces bandes, plus hardie, osa demander au conducteur en chef la permission de s'emparer de l'un de leurs sacs de nuit. « Ah ! si vous avez le malheur d'y toucher, riposta le rusé Chinois d'un air à les déconcerter, vous verrez ce qui arrivera ! » Ces paroles suffirent pour les mettre en fuite. Ils arrivèrent enfin, sans avoir éprouvé d'autre accident, chez Mgr Vérolles qui les accueillit avec la tendresse d'un père. Bientôt la cloche de Notre-Dame retentit dans le beffroi et annonça leur arrivée dans la vallée fourchue qu'arrose le Saro. C'est là qu'on a improvisé une cathédrale pour le vicariat apostolique de la Mandchourie. En apercevant le petit clocher qui domine sa toiture, les missionnaires chantèrent gaiement un cantique de circonstance en l'honneur de *Notre-Dame-des-Neiges*.

Sa Grandeur logea les Pères du mieux qu'il lui fut possible, et il les hébergea pendant quinze jours, pour refaire leur santé et en même temps pour pouvoir causer avec eux à son aise de la France et des missions. Tous les jours le P. Dorie faisait une petite sortie. Il aimait surtout à gravir un pic du haut duquel on apercevait dans le lointain quelques-unes des montagnes de la Corée ; il les saluait avec amour et il priait son bon ange d'aller lui préparer à l'avance un abri dans une de leurs gorges sauvages. Comme le courrier pour ce royaume n'était pas encore parti, Mgr Vérolles écrivit une lettre au vicaire apostolique, Mgr Berneux, pour l'instruire de l'arrivée de ses missionnaires, et pour le prier de leur envoyer une jonque à l'île de Mélintò, dans la première quinzaine de mai 1865. En attendant, il assigna à chacun d'eux une chrétienté dans son vicariat, pour qu'ils pussent y exercer leur zèle pendant l'hiver et apprendre la langue chinoise. Il les plaça non loin les uns des autres et aux abords de la mer.

Les missionnaires obtinrent de Monseigneur de voyager à pied. Ils rebroussèrent chemin et partirent tous ensemble. Les PP. Huin et Beaulieu restèrent dans deux chrétientés situées dans la vallée des *Saules*, à une demi-lieue l'un de l'autre. Les deux autres poursuivirent leur marche jusqu'à Yang-Kouane, autrement dit le *Palais du Soleil*, où le P. de Bretenières devait rester avec M. Métayer. La chrétienté échue au P. Dorie était celle de Saint-Joseph-des-Ours, village situé sur les bords de la mer à huit lieues de Yang-Kouane. Il s'y serait rendu immédiatement, mais la neige tomba en si grande abondance la première nuit de son arrivée chez M. Métayer et les jours suivants, que les chrétiens de Saint-Joseph ne vinrent le chercher que douze jours après. C'était le 28 novembre.

Le P. Dorie s'installa dans une charrette et s'assit sur ses malles; puis, à la lueur d'un flambeau, il s'engagea de grand matin dans un chemin affreux. Le temps était froid et le vent glacial. Quand le jour fut venu, les païens accoururent partout sur son passage pour voir le *fils du diable*, le *koui-tzeu*, c'est le nom qu'ils donnent à l'étranger. Les enfants, pour mieux le contempler, montaient sur les murs. Tous suivaient la charrette, jusqu'à ce qu'il eût daigné se détourner pour leur montrer son visage. Les conducteurs chrétiens étaient tout fiers de ces démonstrations et ils répondaient dans le style le plus emphatique et le plus hyperbolique aux questions qu'on leur adressait à son sujet. Pour lui, il était muet, par la raison bien simple qu'il ignorait la langue; mais le peuple crut qu'il ne gardait le silence que pour ne pas déroger à sa dignité. Il n'en parut que plus grand à leurs yeux. Les chrétiens de Saint-Joseph, plus éclairés, le reçurent comme un ange envoyé du ciel et comme le représentant de Dieu. Ils vinrent tous à sa rencontre à l'entrée du village, et le conduisirent triomphalement à leur chapelle. Quand il y mit le pied, les cierges étaient allumés et l'eau bénite était sur l'autel. C'était une réception d'évêque. Tous se prosternèrent devant lui et frappèrent trois fois la terre avec leur tête, c'est la manière de se saluer en Chine. Le P. Dorie ne put répondre que par ses larmes et sa bénédiction à l'enthousiasme de ses néophytes. Il se retira dans sa chambre, mais tous voulant voir de près le *Chene fou,* le *père spirituel,* il fut suivi par la foule qui ne s'écoula que longtemps après son souper. Demeuré seul, il se prosterna en terre, et s'offrit à Dieu comme une victime pour le salut de ces âmes; il récita dévotement son bréviaire et il s'étendit ensuite sur son fourneau pour y passer la nuit.

Ce n'était plus un rêve, c'était une réalité, le P. Dorie était enfin missionnaire apostolique! Nous allons voir la manière dont il vécut à Saint-Joseph et les avantages spirituels qu'il procura à cette chrétienté.

CHAPITRE NEUVIÈME.

LE P. DORIE A SAINT-JOSEPH-DES-OURS. — SES PROMENADES. — SES REPAS. — SA CHAMBRE. — SA CHAPELLE. — SA MALADIE A YANG-KOUANE.— SON RETOUR A SAINT-JOSEPH. — LE PREMIER DE L'AN. — SON MINISTÈRE. — SES ADIEUX. — SON DÉPART. — RELATION DE LA TRAVERSÉE. — L'ILE DE MÉLINTO. — DÉBARQUEMENT EN CORÉE. — ARRIVÉE A SÉOUL.

Le nom chinois de Saint-Joseph-des-Ours est *Sioung-io tcheng-si-iu-kia iuen-tzeu*, qui signifie jardin de la famille *iu*, à l'occident de la montagne des Ours. Ce village, bâti dans une vallée, est borné au sud et au nord par de petites collines, à l'ouest par la mer Jaune ou golfe de Léo-tong, et à l'est par la montagne des Ours, qui donne son nom à une ville de 20,000 âmes qui est adossée à ses pieds (de *io* montagne, *sioung* des Ours). La ville de Sioung-io, nommée Yong-Phing-Hian sur les cartes géographiques, est entourée de hautes murailles. Le village, dit de *Saint-Joseph*, parce que la chapelle a été bénie sous le vocable de ce saint, n'en est qu'à six lis (dix lis font une lieue), ou environ 1200 mètres. Il est habité par 300 personnes groupées dans une vingtaine de maisons, dont la moitié sont encore plongées dans les erreurs du paganisme. Quoiqu'il ne soit qu'au 40e degré de latitude, qui est le degré du nord de l'Espagne, le froid y est excessif. Le thermomètre y descend toujours, même dans les hivers les plus doux, à 25 et à 30 degrés au-dessous de zéro. Aussi la mer a-t-elle, sur une étendue de deux lieues, une couche de glace de plus de 50 centimètres d'épaisseur.

Pour maintenir la chaleur dans les membres de leur missionnaire, les chrétiens de Saint-Joseph chauffèrent matin et soir le fourneau sur lequel il passait la plus grande partie de ses journées, et ils l'affublèrent d'une longue toge blanchâtre doublée de peau de mouton et le couvrirent de fourrures. Son nez lui-même avait son étui en fourrure quand il allait à la promenade. Pour se conformer à l'usage, et achever de se rendre intéressant, le P. Dorie, qui fut baptisé du nom chinois *Tou* qui signifie *Cormier*, laissa croître le peu de barbe qu'il avait sous le menton. Logé entre la ville et la mer, il ne sortait jamais du côté de la ville, dans la crainte d'y rencontrer des voleurs, sorte de gens qui ne sont pas plus rares en Mandchourie qu'en Chine. Son goût du reste le portait vers la mer. Il aimait à la contempler avec sa nappe de glace qui se perdait à l'horizon et semblait se confondre avec le ciel. Puis la mer lui rappelait son berceau et le souvenir de sa patrie. Elle murmurait aussi à ses oreilles le nom de Corée sa patrie adoptive, pour laquelle il avait tout sacrifié, et que son imagination lui montrait par delà le golfe et les îles, lui tendant les bras et lui préparant un asile dans le pli de l'une de ses montagnes. Rentré au logis, il étudiait la langue du pays avec une ardeur extrême. Il y consacrait tout le temps qu'il ne donnait pas à la prière. Le silence qui régnait autour de lui n'était interrompu que par la visite de ses deux catéchistes qui venaient à tour de rôle lui donner quelques leçons. Soutenu par la grâce, la mélancolie, qui est la grande tentation qui assaillit les âmes qui ne peuvent s'épancher au dehors, n'eut jamais de prise sur lui. Témoin la lettre qu'il écrivit à son compatriote Henri, dans laquelle il disait : « Les premiers jours (de ma vie de missionnaire à Saint-Joseph) ne sont pas aussi pénibles qu'on pourrait se le figurer. Seul, sans pouvoir dire un mot, sans comprendre ce qu'on vous dit! tout semble perdu. Pas du tout, on est plus joyeux que jamais. Je t'avouerai franchement que je ne croyais pas qu'on pût être aussi heureux en cette vie. Le premier mois que j'ai passé ici a été, sans aucun doute, le plus beau de ma vie, tant pour le corps que pour l'esprit, mais surtout pour l'esprit. Dieu me donne les grâces nécessaires pour cela. Mes trois autres confrères en disent autant. Notre séjour en Mandchourie sera donc très-agréable. » Il écrivit dans le même sens à son vénérable supérieur, M. Albrand.

Si le P. Dorie se plaisait au milieu de ses oursins, ses oursins de leur côté s'éprirent pour lui d'une grande amitié. Son air, ses manières, le teint de son visage, son angélique piété et son caractère affable et candide, tout leur plaisait ; ils ne regrettaient qu'une chose, pour en faire à leurs yeux un homme parfait : c'était de ne pouvoir, à cause du froid, lui raser la tête, ne lui laissant au sommet qu'une mèche de cheveux, pour en faire une queue, qui, en l'allongeant au moyen de petites bandes de soie, serait descendue le long de son dos presque jusqu'aux talons. La mèche de cheveux enroulée en forme de queue est pour un Chinois la chose la plus sacrée du monde.

Ils se dédommagèrent de ce contre-temps, en contribuant largement à lui donner une bonne nourriture. Ils lui servaient régulièrement deux plats de viande ; ils en portaient quelquefois le nombre jusqu'à quatre. Mais le jour de Noël, ils furent si enthousiasmés d'avoir eu pour la première fois la messe de minuit, qu'après la grande messe du jour ils couvrirent sa table de seize plats ; après quoi ils tombèrent à genoux pour recevoir sa bénédiction et lui souhaiter bon appétit. Pas un estomac chinois n'eût reculé devant cette quantité de mets : si celui du P. Dorie en fut effrayé, et à juste raison, son cœur de prêtre du moins se réjouit de leurs sentiments de foi. Il écrivit, en racontant ce fait : « Cette abondance ne se trouvera point en Corée, et je puis dire que je mange en

Mandchourie mon *dernier pain blanc*, comme on dit dans mon pays, mais je n'en suis point attristé, car je ne suis pas venu chercher le bien-être en mission, mais seulement des âmes. » — « En Corée, écrivait-il encore, le missionnaire vit caché, et souvent le nécessaire à la vie lui fait défaut ; un morceau de chien est pour lui un ragoût délicieux quand il peut s'en procurer. » L'apôtre saint Paul disait : « *Je sais vivre dans l'abondance comme je sais souffrir*[1]. *Je me fais tout à tous pour gagner tous les cœurs à Jésus-Christ*[2]. » Il en était de même de notre fervent missionnaire ; le désir qu'il avait de sauver des âmes lui faisait accepter avec la même indifférence le froid, le chaud, l'abondance et la disette.

Maintenant disons un mot de sa chambre et de sa chapelle.

La chambre qu'il habitait, haute de douze pieds, comme toutes les maisons chinoises, avait des murailles en briques ; elle était tapissée de papier blanc venu de France et

1. Phil., IV, 12.
2. I Cor., IX, 22.

avait pour ameublement un lit, une armoire, une petite table et une chaise. Elle était percée d'une croisée à l'est, d'une porte au sud et d'une autre porte au nord, qui communiquait à la chapelle.

La chapelle avait les mêmes dimensions que la chambre, et était tapissée de la même manière ; seulement elle était décorée en plus des quatorze stations du chemin de la croix, et d'un grand tableau représentant saint Joseph fixé au-dessus de l'autel. Il y avait aussi sur l'autel huit cierges et six pots à fleurs. C'est dans ce sanctuaire que le P. Dorie célébrait tous les jours la sainte messe et puisait d'ineffables consolations. Pour dérober la chapelle aux regards des profanes les chrétiens l'avaient entourée d'un mur en terre de 2 mètres d'élévation.

Désireux de voir ses confrères et de se confesser, il se rendit le 3 janvier 1865 à Yang-Kouane. Il fut agréablement surpris d'y rencontrer Mgr Vérolles, qui était venu célébrer la fête de l'Épiphanie au *Palais-du-Soleil*. Sept missionnaires européens, sans s'être donné rendez-vous, assistèrent avec le vicaire apostolique à cette solennité, pour laquelle on déploya toute la pompe possible. Les fidèles de la localité en furent ravis.

L'arrivée du P. Dorie chez M. Métayer fut pour lui une chose providentielle, car il fut saisi le 5 au soir de la fièvre, qui fut suivie de la petite vérole qui se déclara le 7. Sous le coup de cette cruelle maladie, il eût pu perdre la vie à Saint-Joseph, tandis qu'à Yang-Kouane il reçut tous les soins imaginables de la part de M. Métayer et du grand Just (de Bretenières) son confrère et son intime ami, qui se constitua son infirmier. Quinze jours de lit suffirent pour le guérir, et il put rentrer le 30 janvier au milieu de ses ouailles. Ses oursins furent d'autant plus charmés de son retour qu'ils avaient cru un moment qu'il les avait abandonnés.

Le Père arriva au milieu d'eux au commencement de l'année chinoise. Tous les chrétiens accoururent pour lui souhaiter la bonne année; il y eut même des païens qui se joignirent à eux. Tous se mirent à genoux et lui firent en cadence le salut habituel. Il les remercia de son mieux, mais il n'en fut pas quitte pour cette cérémonie. En Chine, les fêtes du premier de l'an durent quinze jours.

Tous les soirs donc pendant deux semaines il y eut rassemblement à sa porte et lancement de pétards jusqu'à minuit en signe de réjouissance.

Le P. Dorie resta à Saint-Joseph jusqu'à la mi-avril ; c'était un séjour de quatre mois et demi. Il ne se contenta pas, pendant ce temps-là, de feuilleter son dictionnaire et d'écouter les leçons de ses professeurs improvisés, mais il s'occupa aussi du salut du troupeau qui lui était confié. Malgré la neige qui encombrait sa cour, et un froid de 30 degrés qui gelait l'eau dans les burettes à un mètre d'un brasier placé près de l'autel, il dit tous les jours la sainte Messe en présence de la chrétienté réunie. Pas un fidèle ne manquait à l'appel. Il célébrait aux grandes fêtes avec un bel ornement blanc que lui avait envoyée Madame veuve de la Bastière. La première fois qu'il s'en servit (c'était le jour de l'Immaculée-Conception), ses Mandchoux se pâmèrent d'une admiration telle qu'ils faillirent s'étrangler à force d'ouvrir la bouche. C'est lui-même qui le raconte dans une lettre adressée à sa bienfaitrice. Il leur parlait ordinairement par signes, mais il se hasarda enfin à les prêcher le jour des Rameaux. Il réussit à leur faire comprendre une cérémonie dont ils n'avaient pas d'idée ; ils en furent très-satisfaits. Aussi portèrent-ils avec de grands sentiments de respect et de foi les palmes qu'il leur avait mises à la main.

Quand le zélé missionnaire arriva au village, les chrétiens avaient l'habitude de réciter leurs prières avec une grande précipitation, ce qui nuisait nécessairement à la dévotion. Il les corrigea de cet abus, de telle sorte qu'à la fin « ils les chantaient lentement et avec une grande onction » : ce sont les expressions dont il se servit dans une lettre où il parlait du changement qui s'était opéré parmi eux.

Quant au sacrement de pénitence, il n'osa confesser qu'une femme qui était en danger de mort. « Dieu me donna, en ce moment, dit-il, la science de la langue et tout fut pour le mieux. » En revanche, il conféra le baptême à plusieurs enfants. Il donna au premier garçon le nom de Pierre, et à la première fille le nom de Geneviève, en souvenir de son père et de sa mère.

Lorsque les missionnaires coréens quittèrent Paris le 15 juillet 1864 ils n'emportèrent pas avec eux leurs gros bagages. Ils furent confiés à un navire qui doubla le cap de Bonne-Espérance. Ces malles arrivèrent dans la mer Jaune avec le printemps qui avait fait fondre la glace qui la tenait captive; mais, par une de ces aventures qu'on serait tenté d'appeler fatalité, s'il ne fallait pas voir le doigt de Dieu partout et dans toutes les circonstances de la vie, le bâtiment qui les apporta échoua au port, et les effets ne furent retirés de la mer qu'avariés. N'importe, ils étaient sauvés, c'était l'essentiel, il fallait songer au départ.

Le P. Dorie quitta définitivement Saint-Joseph-des-Ours le 17 avril, après y avoir célébré les fêtes de Pâques. Les chrétiens, pour lui témoigner leur reconnaissance, lui firent cadeau d'un cochon et de vingt-cinq livres de farine. Le Père profita de la circonstance pour les inviter tous à manger avec lui. Le soir il récita avec eux le chapelet à la chapelle et il leur donna rendez-vous au ciel. Tous versèrent des larmes: plusieurs, entre autres le premier catéchiste, poussèrent de véritables sanglots. « Je fus moi-même trèsému, dit le Père dans une de ses lettres; je les aimais beaucoup, d'autant plus que je commençais à comprendre leur langage et à m'entretenir avec eux; mais il fallait obéir. » Comme souvenir de son passage, il leur laissa à chacun une image. Onze d'entre eux l'accompagnèrent jusqu'à Yang-Kouane, où il demeura pendant quelques jours. Il profita de son séjour au Palais-du-Soleil pour s'épancher un moment avec son vénérable supérieur des Missions-Étrangères. « Le temps des dignités est passé pour moi, lui écrivait-il le 21 avril 1865, je viens de me démettre de mon titre de desservant. Les galas de mes oursins, les faisans de M. Métayer et les canards du P. de Bretenières m'ont donné des forces, je me porte aujourd'hui mieux que jamais. La rigueur du froid n'a pas été nuisible à ma petite santé, malheureusement il n'en est pas de même au spirituel; mais enfin, si l'instrument est vil, Dieu en retirera plus de gloire. Priez, vénéré père, pour votre petit Coréen. »

Préoccupé de sa chère mission, il écrivit à M. le comte de Bessay à la même date : « Dans quelques jours nous allons essayer de pénétrer en Corée. Puisse le Seigneur diriger lui-même notre petite barque et la conduire à bon port sur ses côtes inhospitalières! Daignez m'aider de vos bonnes prières, afin que je sois digne de ma vocation. »

Le 24 avril, les quatre missionnaires se rendirent à Notre-Dame-des-Neiges pour remercier Mgr Vérolles, et lui faire leurs adieux. Le P. Dorie chanta la grand'messe le Dimanche 30 avril, et le soir, M. Métayer donna la bénédiction du Saint-Sacrement. Le lendemain, ils montèrent sur des mulets et se rendirent à Ta-Tsouang-Ho, lieu choisi pour l'embarquement.

Le 2 mai, les PP. Dorie, de Bretenières, Beaulieu et Huin jetaient un dernier regard sur la Mandchourie où, comme l'oiseau voyageur, ils n'avaient posé un moment le pied que pour voler d'une aile plus rapide sur les monts où ils voulaient fixer leur demeure et chanter les douceurs de la patrie adoptive. Cette fois-là ils ne montaient plus sur un de ces bâtiments européens qui sont comme autant de palais flottants, où tout abonde, et qui résistent aux tempêtes les plus violentes; ils passèrent un traité avec le commandant d'une pauvre jonque chinoise qui devait, moyennant une certaine somme, les conduire à une petite île appelée Mélinto, et les y garder au besoin jusqu'au 20.

Partis le 3, à trois heures du soir, et poussés par un bon vent de nord-est, les missionnaires se réveillèrent le 5 à vingt mètres du littoral coréen. Le pilote jeta l'ancre et demeura là jusqu'au 10. Les barques coréennes passèrent et repassèrent aux abords de l'embarcation sans souffler mot. On était en face de l'île de Sova-tao habitée par des sauvages au teint basané. Une jonque chinoise ne s'expose jamais à voguer par un vent contraire ou par un temps de pluie ; or le 10, le vent n'était pas favorable, et le 11, il tombait des averses du ciel. Le pilote ne voulait pas bouger ; cependant, à force d'instances de la part des missionnaires qui craignaient de manquer au rendez-vous, il leva l'ancre le 10, mais un fort courant le ramena bientôt à la même place. Le 11, même résistance chez le pilote ; on n'en triompha qu'avec de l'argent. « L'argent, écrivit le P. Dorie, en parlant de cet accident de voyage, est le dieu des Chinois.

Il semble que ce soit pour eux que Virgile ait écrit :

... Quid non mortalia pectora cogis
Auri sacra fames ?

Quelle puissance n'exerce pas sur les cœurs des mortels la soif insatiable de l'or ?

Avec de l'argent, tout le monde se mit à manœuvrer, mais, à onze heures du matin, la jonque se trouva au centre d'un affreux tourbillon qui devait nécessairementla submerger. Les vagues se dressaient comme des montagnes et se brisaient avec furie contre l'embarcation; il y avait deux pieds d'eau sur le pont. Le vent était si violent que les missionnaires se cramponnaient aux cordages pour ne pas tomber dans la mer. A la veille de périr, les païens effrayés, le pilote en tête, frappèrent leurs cymbales et leurs tams-tams, lancèrent des pétards, brûlèrent du papier à l'avant, et firent maintes prostrations pour apaiser le mauvais génie qu'ils supposaient caché dans les rochers du cap. Pendant ce temps-là, les missionnaires réclamaient le secours de Celle que l'on n'invoque jamais en vain, et vouaient trois messes en son honneur. Leur prière fut exaucée, la jonque doubla le cap et aborda par un temps calme et un beau soleil de midi à l'île déserte de Mélinto, où Mgr Berneux devait envoyer une barque pour les transporter de là dans la presqu'île coréenne. Le signal pour se reconnaître était un drapeau rouge. Le drapeau fut hissé, mais rien ne parut du côté de la Corée du 11 au 19, et le pilote devait, au terme du traité, retourner en Chine le 20. La position était d'autant plus critique que le drapeau avait donné l'éveil aux autres jonques qui circulaient dans les mêmes eaux. Les Chinois comprirent qu'il indiquait la présence d'Européens, et six de leurs barques vinrent assaillir celle que les missionnaires montaient. Ils furent forcés de quitter le fond de cale où ils s'étaient blottis et de se montrer au grand jour. Ils n'eurent pas d'autre mal et ils en furent quittes pour la peur. Au reste, le danger pour eux n'était pas de ce côté; ils avaient tout à craindre, non des Chinois, mais des Coréens auxquels il fallait dérober leur présence. Ce fut précisément ce malheur qu'il fut impossible d'éviter. Le 15 au soir, le mandarin du continent vient demander au commandant chinois la raison du hissement du drapeau rouge sur sa jonque. Avant de lui intimer l'ordre de rebrousser chemin, il se disposait à faire une visite domiciliaire qui aurait tout perdu, lorsque le rusé pilote l'invite à accepter un rafraîchissement ; le mandarin accepte de grand cœur. On lui administre coup sur coup plusieurs bons verres d'eau-de-vie, et il se retire satisfait et ivre-mort.

Le 17, à minuit moins le quart, un léger bruit de rames se fit entendre. Six Coréens vêtus de blanc (c'est la couleur seule adoptée dans le pays) abordèrent l'embarcation. Ils firent de grands signes de croix et prononcèrent en langue coréenne le nom de Mgr Berneux qui était le mot d'ordre pour achever de se reconnaître. Ils s'offrirent à débarquer les missionnaires sur le continent avec tous leurs bagages. Ceux-ci se crurent sauvés, et déjà leur cœur s'abandonnait aux transports de la joie la plus vive. Cependant, avant de se livrer à eux, les missionnaires leur demandèrent s'ils étaient nantis d'une lettre et s'ils avaient apporté les habits de deuil (vêtement indispensable pour favoriser leur déguisement) que le Vicaire apostolique devait leur envoyer; sur leur réponse négative, ils comprirent qu'ils avaient à faire à des contrebandiers qui cherchaient à les exploiter; quel parti devaient-ils prendre en cette circonstance? S'ils se mettaient à la merci d'aventuriers avides, ils s'exposaient à un pillage certain et peut-être à la mort; d'un autre côté s'ils rentraient en Chine avec leur pilote, ils manquaient le but de leur voyage. Comme la moitié des contrebandiers étaient chrétiens, ils les prièrent d'attendre jusqu'au 20, jour où expirait le contrat qu'ils avaient passé avec le pilote chinois qui devait repartir pour Léao-Tong. Ils espéraient dans l'intervalle voir arriver la barque de Mgr Berneux. Ah ! elles furent longues pour eux les heures qui s'écoulèrent du 17 au 19! Aussi que de prières ardentes accompagnées d'actes de patience et de résignation leurs anges firent monter vers le ciel ! Le 19, les missionnaires descendirent à terre et firent dans une demi-heure le tour de l'île. Elle est déserte. Pour empêcher les Chinois de s'y établir, les Coréens brûlent tous les ans le bois et les herbes qui y croissent. Au soir du même jour, l'air n'était encore agité par le frémissement d'aucune voile, il fallait se décider. On tint conseil; sur quatre missionnaires, deux voulaient revenir en Chine, et deux autres étaient décidés à se confier aux contrebandiers, quelque chose qui arrivât.

Le P. Dorie était de cet avis. Ils se couchèrent et dormirent tranquilles comme si la journée qui allait commencer n'allait pas décider de leur sort. « Ils se confiaient, dit-il, en la providence de Dieu, le Seigneur n'abandonnant pas ceux qui espèrent en lui. » En effet, le 20, à une heure précise du matin, sous un ciel nuageux et à travers un épais brouillard, la jonque envoyée par le Vicaire apostolique aborde droit à celle qui avait amené les missionnaires. Une demi-heure après, le transbordement de leurs cinquante caisses était opéré; la barque coréenne sortait du port sans être vue et gagnait le large à la faveur de l'obscurité. Elle tourna l'île pendant que les missionnaires récitaient tout bas, et à plusieurs reprises, le cantique de l'action de grâces, le *Te Deum*. Ils étaient au comble de leurs vœux. A dix heures, ils endossèrent le vêtement de deuil de la Corée, pour éloigner d'eux les curieux et les malveillants, car personne ne doit parler à ceux qui ont pris cet uniforme de la douleur. L'homme en deuil porte une culotte de toile écrue, dans le genre de nos toiles d'emballage, que des guêtres en toile de même qualité fixent au bas du genou; elle ressemble pour la forme à celle de nos zouaves par l'ampleur des jambes qui ont chacune au moins 0 m. 70 de large. Il couvre ses épaules d'une autre toile écrue ou d'emballage, qui pend par derrière en guise de manteau. Il se chausse avec des souliers en paille ayant chacun un trou à l'extrémité pour laisser passer le gros orteil, le mettre à l'air et lui donner la facilité de heurter contre les pierres du chemin. Quant à la tête, il se peigne au rebours, ramasse ses cheveux au sommet, les roule et les maintient dans la position perpendiculaire au moyen d'un bandeau tressé en crin. Il pose ensuite sur son chef un chapeau en bambous, sorte de chapeau de paille de la largeur et de la forme de nos cloches à melons qui couvre le visage et descend jusqu'au milieu de la poitrine et du dos; le chignon pénètre seul dans la petite ouverture du milieu. Il complète sa toilette en tenant de ses mains deux petits bâtonnets qui supportent un voile qu'il place devant ses yeux, ce qui achève de le rendre invisible à tous les regards.

Les missionnaires se trouvèrent heureux sous ce déguisement grotesque, car il allait leur permettre de semer le bon grain de la parole évangélique dans le champ que leur avait assigné le Père de famille. Cependant, le temps de l'épreuve n'était pas encore fini, et la dernière étape de leur long voyage devait être marquée, comme toutes les autres, du cachet de la tribulation. La pauvre barque qui les emportait avait des voiles en paille, des cordages en paille et faisait à peine cinq lieues en vingt-quatre heures. Pour surcroît de peine, la pluie qui tomba en assez grande abondance les força de s'abriter sous le pont. Mais comme ce pont était lui-même en paille, l'eau passa à travers et ruissela sur eux. Si encore ils eussent pu s'asseoir ou rester debout! mais la chose n'était pas possible. Leur cabine avait bien 2 mètres de long, mais comme elle n'avait que 1 mètre de large et à peine 4 pieds de hauteur, ils étaient forcés de s'étendre tout leur long et de se coucher en quelque sorte les uns sur les autres. C'est dans cette position étouffante, et en plein mois de mai, qu'ils prenaient quelques heures de repos. Pour comble de misère la vieille jonque était crevassée, et l'eau qui s'y infiltrait ne trempait que trop souvent leurs habits. Ajoutez encore à cela que la nourriture était mauvaise et en très-petite quantité. Cependant, pas une seule plainte ne se fit entendre. « En dépit de notre piteuse situation, nous étions contents, dit le P. Dorie dans une de ses lettres, car nous pouvions enfin nous dire Coréens. « Une seule chose affligeait les missionnaires, c'était de ne pas toucher au continent. On leur avait dit que quelques heures suffiraient pour arriver à Séoul, capitale du royaume. Or, ils étaient au sixième jour de leur navigation, et la terre semblait fuir devant eux. Ils ne pouvaient s'en prendre qu'à leurs conducteurs; ceux-ci étaient en effet les coupables. Ils devaient les conduire aux abords de Séoul; mais comme il y allait de leurs têtes s'ils étaient découverts, la crainte leur fit reprendre la route de leurs foyers. Ils habitaient à trente lieues plus bas, à Naïppo, pauvre chrétienté qui ne se compose que de quelques maisons en terre couvertes de paille. Le pilote débarqua les Pères dans un marais fangeux, sur le bord duquel est situé le village, ils le franchirent avec beaucoup de peine, car le sol fléchissait sous leurs pas.— C'était le soir du 26 mai 1865.

On ne leur fit pas une réception enthousiaste, loin de là. Les chrétiens de Naïppo n'étaient pas prévenus de leur arrivée. En les voyant, cette population naturellement timide et qui tremblait de peur à l'avance dans la perspective d'une persécution, crut que l'orage allait gronder sur sa tête. Chacun rentra prudemment chez soi. Cependant le catéchiste, quoique aussi épouvanté que les autres, ouvrit sa porte aux missionnaires et les traita de son mieux, mais il les fit coucher dans une chaumière autre que la sienne, pour ne pas éveiller de soupçons.

La peur est quelquefois une mauvaise conseillère. Les Pères crurent que c'était là le cas. Trompés par leur pilote qui était un des habitants du village, ils sommèrent la chrétienté tout entière de réparer sa faute et de les conduire à la capitale. C'était commettre une imprudence qui pouvait avoir des suites fâcheuses. Heureusement que la Providence vint à leur secours. Les chrétiens cherchaient des porteurs dans un village voisin, lorsqu'ils rencontrèrent Mgr Daveluy, évêque d'Acônes, coadjuteur de l'évêque de Capse, Mgr Berneux. Vite le zélé pasteur accourt à la rencontre des missionnaires; il les console et il prend toutes les mesures nécessaires pour cacher leur arrivée aux païens. Il députe aussitôt le P. de Bretenières vers le Vicaire apostolique, et il emmène les trois autres Pères dans un village plus grand et plus sûr, qui avait servi de résidence à M. Landre, mort le 15 septembre 1863.

Le P. de Bretenières arriva heureusement à Séoul, autrement dit la *Ville des délices*, et Mgr Berneux s'empressa d'envoyer deux chaises et quatre porteurs pour les PP. Dorie et Beaulieu. Il laissa le P. Huin avec Mgr Daveluy. Les Pères n'arrivèrent que le troisième jour à la capitale. Ils traversèrent, drapés dans leur habit de deuil et portés majestueusement sur les épaules de leurs guides, les rues tortueuses de la ville et ses boulevards qui ont à peine deux mètres de large. Ils descendirent chez Monseigneur, qui les logea pendant quinze jours dans le modeste appartement où il se tenait caché et qui lui servait tout à la fois de salle à manger, de chambre à coucher, de sacristie et de cathédrale. L'étage en était si peu élevé, qu'il ne pouvait y officier la mitre sur la tête.

Il n'est pas un homme civilisé, à quelque religion ou à quelque secte qu'il appartienne, qui ne soit l'admirateur des premiers siècles de l'Église et de l'héroïsme de ceux qui s'enrôlaient sous son drapeau au péril de leur vie, et en suivaient les enseignements, même sous le coutelas du bourreau ; mais il est des gens qui prétendent que le christianisme a vieilli. Non, il n'a pas vieilli. Maintenant, comme aux jours de sa splendeur primitive, il a non-seulement sa foi et sa morale qui ne vieillissent point, mais il a encore ses assemblées dans le désert et le silence de la nuit ; il a ses catacombes ; il a, pour ses pontifes, ses siéges de bois et de pierre, et, pour ses ministres, ses autels portatifs, où l'adorable Victime du Calvaire s'immole pour le salut des infidèles ; il a ses soldats d'élite, ses apôtres, et quand Dieu laisse à Satan le pouvoir de se déchaîner contre lui, il a ses martyrs. Le christianisme n'a pas vieilli, il se rajeunit sans cesse dans l'apostolat catholique.

Impossible de raconter la joie qu'éprouva Mgr Berneux à l'arrivée des jeunes coopérateurs que lui envoyait le Séminaire des Missions-Étrangères de Paris, pour l'aider dans la pénible mission que le Saint-Siége lui avait confiée. Il avait besoin d'être secouru, car, vingt-cinq ans d'apostolat passés au Tong-Kin, en Mandchourie et en Corée, avaient comme épuisé ses forces. C'est lui qui, à la nouvelle de sa nomination au vicariat apostolique de la Corée, le 24 décembre 1854, écrivit ces belles paroles : « La Corée ! cette terre des martyrs par excellence ; la Corée ! dont le nom seul fait vibrer toutes les fibres du cœur d'un missionnaire ! Comment refuser d'y entrer, lorsque la porte vous en est ouverte ? » Il fit à ses missionnaires l'accueil qu'un père fait à ses enfants, partageant avec eux le pain de l'aumône et de la charité, et il les entretint longuement, et des bonnes dispositions des Coréens pour recevoir l'Evangile, et des craintes que lui inspiraient les mauvaises dispositions de la Cour.

Lorsqu'il les crut assez reposés de leurs fatigues, il leur assigna à chacun un poste pour leur donner la facilité d'étudier la langue, de manière à pouvoir, le plus tôt possible, prêcher et administrer les sacrements. Le P. Huin resta auprès de Mgr Daveluy. Un appartement fut trouvé à Séoul pour le P. de Bretenières. Les PP. Beaulieu et Dorie furent placés à une lieue et demie l'un de l'autre, à sept lieues de la capitale, dans deux chrétientés, situées dans la même vallée : le P. Beaulieu à Mioreuni, et le P. Dorie à Son-Kol.

Le P. Dorie était enfin missionnaire en Corée. Ses désirs étaient accomplis. Mais avant de le suivre dans le modeste village où il devait faire son apprentissage, nous croyons utile de dire un mot du royaume et des efforts tentés depuis deux siècles pour sa conversion.

CHAPITRE DIXIÈME.

LA CORÉE. — TOPOGRAPHIE. — GOUVERNEMENT. — DIVISIONS TERRITORIALES. — PRODUCTION DU SOL. — RARETÉ DES HABITANTS. — LANGUE CORÉENNE. — COSTUME. — PORTRAIT DU CORÉEN. — RELIGION. — INTRODUCTION DU CHRISTIANISME. — PERSÉCUTIONS. — VINGT ANS ENVIRON DE PAIX. — DISPOSITIONS DE LA COUR A L'ARRIVÉE DU P. DORIE.

Une barrière infranchissable sépare la Corée des pays civilisés, et la voue forcément à une espèce de barbarie. La loi condamnant à mort tout étranger qui y met le pied, les voyageurs et les touristes de l'occident passent outre et ne la visitent pas. Partout ailleurs la civilisation chrétienne peut se mettre en contact avec le paganisme. Il n'est pas une île de l'Océanie, quelque anthropophage qu'elle soit, qui puisse échapper à son influence. Il n'est pas une province de l'Inde, de la Chine et de la Tartarie où ses rayons ne puissent pénétrer. Le Japon lui-même vient, depuis quelques années, de lui rouvrir ses portes, et on a vu, en janvier 1867, son drapeau national porté par ses ambassadeurs, flotter dans la première capitale de l'Europe, à côté du drapeau Français. La Corée seule refuse de reconnaître des frères dans tous les membres de la grande famille humaine. Et cependant c'est elle qui est la nation déshéritée, la nation que la nature traite en marâtre, qu'elle tient esclave, et qu'elle prive de tous les biens qui font ici-bas le bonheur des peuples et des individus. Il semble qu'un génie malfaisant préside à ses destinées, et que ce génie qui n'est autre que Satan ait choisi ce coin reculé du globe pour s'y consoler de ses défaites dans les autres contrées de là terre. Ce triomphe de Satan ne durera pas toujours. Là, comme partout, son sceptre sera brisé, et la Corée éprouvera, à son tour, la vérité de cette parole du prophète-roi : *Domini est terra et plenitudo ejus* [1]. *La terre, avec tout ce qu'elle renferme, la terre avec ses pôles, ses continents, ses îles et ses mers, appartient au Seigneur ;* et, encore, la vérité de cette autre : *Regnavit à*

1. Ps. XXIII, 1.

ligno Deus : le Fils de Dieu régnera par sa croix sur tout l'univers.

Les lettres édifiantes et les annales de la Propagation de la Foi sont à peu près les seuls livres qui, depuis un siècle, parlent de la Corée. Après les avoir lus avec une sérieuse attention, nous nous hasardons à en tracer le tableau, tant sous le rapport géographique et topographique, que sous le rapport physique et moral de ses habitants.

La Corée est une presqu'île située au nord de la Chine. Elle est comprise entre le 34e et le 42e degré de latitude septentrionale, et s'étend en largeur du 122e au 129e degré de longitude orientale. Elle est bornée au nord par une muraille qui la sépare des Tartares Mandchoux et aussi par quinze lieues de terrain dont elle a fait un désert pour l'éloigner davantage de tout contact avec l'étranger ; à l'ouest par la mer Jaune, au sud, par un canal qui communique à la mer de Chine, à l'est par la mer du Japon, dont la traversée n'est que de vingt-cinq à trente lieues.

La Corée se confondait, dans le principe, avec la Mandchourie. Ses frontières ayant été rétrécies, depuis un certain nombre de siècles, elle n'a plus aujourd'hui que 200 lieues de longueur, sur une largeur moyenne de 60 lieues.

Elle est gouvernée par un roi dont l'autorité est absolue, qui a pour conseil trois grands ministres et six ministres inférieurs. Mais ce roi ne jouit pas depuis longtemps d'une complète indépendance. Les Japonais opérèrent dans la presqu'île une descente en 1592 et firent un horrible massacre des habitants. Quoique chassés de la presqu'île en 1597 par les indigènes, aidés d'une armée chinoise, ils n'ont cessé depuis lors de tenir garnison dans un grand village et d'exiger un tribut annuel qui consistait, dans le principe, en trente peaux d'hommes, impôt qui se paye maintenant en argent, en riz, etc.

Les Chinois s'emparèrent, à leur tour, de la Corée en 1636, et y portèrent le pillage, le carnage et la mort. Depuis cette époque, le roi de Corée reconnaît l'empereur de Chine pour suzerain ; il reçoit de lui l'investiture royale et lui envoie chaque année une ambassade pour lui rendre son hommage de vassal au premier jour de l'an.

Les habitants du royaume, à part les esclaves qui comptent à peine dans l'échelle sociale, forment trois classes, le peuple qui travaille et qui paye, le commerçant, et le noble qui fait tout trembler devant lui, même le fier mandarin. M. Daveluy, nommé depuis évêque d'Acônes, écrivait en 1846, que la noblesse coréenne lui paraissait être la plus orgueilleuse de l'univers, et qu'elle exerçait sur la plèbe la tyrannie la plus épouvantable.

La Corée se divise en huit provinces qui ont chacune un gouverneur. Elles sont subdivisées elles-mêmes en arrondissements administrés par des mandarins subalternes qui sont, pour la plupart, de véritables sangsues qui sucent l'or et le sang du travailleur. Leur nombre s'élève à 361 ; c'est aussi le nombre officiel des villes du royaume. La capitale est Hang-Yang ou Séoul, dite la *Ville des délices*, située sur la rivière Salée à huit ou dix lieues de son embouchure dans la mer Jaune.

Le soleil qui éclaire la Corée est le même qui brille à l'horizon bleu de l'Espagne, et cependant, la température est loin de se ressembler. Les plaines sont inconnues dans la presqu'île ; elle est toute en montagnes et en vallées, où serpentent une infinité de ruisseaux et de torrents. Le sol, dans ces dispositions, est ou brûlé par les rayons de l'astre du jour au solstice d'été, ou couvert d'un manteau de neige et de glace au solstice d'hiver. Il n'y a ni printemps, ni automne.

Le sol cependant n'est pas tout à fait stérile, car il produit le coton, le tabac, le riz, le blé et généralement les légumes et les fruits qui croissent dans les zônes tempérées de l'Europe. Il n'y a guère de différence que dans la saveur qui est incomparablement moindre. On y cultive la vigne, et cependant on n'y fait point de vin de raisin. La liqueur qui porte ce nom est une liqueur fermentée. Le peuple étanche ordinairement sa soif avec de l'eau de riz, et le riche avec de l'eau de miel et de l'eau-de-vie que l'on tire du blé mis en fermentation.

Les montagnes de la Corée sont couvertes en grand nombre de forêts vierges dont les arbres aux troncs énormes ne sont abattus que sur les lisières. Des nuées de faisans et d'oiseaux de toute sorte se perchent la nuit sur leurs branches. Ses vallées donnent des minerais de fer, de cuivre et d'autres métaux plus précieux encore, qui généralement ne sont pas exploités. Plusieurs de ses cours d'eaux charrient même des paillettes d'or, mais une loi condamne à des peines très-sévères ceux qui ont l'imprudence d'y toucher. La monnaie de cuivre n'a pas de cours, l'argent y est presque inconnu, même dans les foires que la loi autorise avec les Mandchoux. Dans ces assemblées tumultueuses où les deux peuples ne se mettent en contact que pour quelques heures, les transactions sont des échanges plutôt que des ventes; ainsi les Chinois vendent aux Coréens des chiens et des chats pour du blé, du riz, des paniers, etc. Le commerce est presque nul en Corée. Il en est de même de l'industrie. Elle s'exerce principalement sur les tissus de chanvre, de coton et de soie, sur la poterie et la porcelaine, sur le papier dont on fait des vitres, des parapluies et des manteaux et enfin sur les sabres et les poignards qui sont assez renommés.

Les Coréens ont quelques canons et quelques milliers de fusils, beaucoup de leurs soldats ne sont armés que de flèches. Ils sont du reste beaucoup plus aguerris au pillage chez les particuliers qu'au métier des armes, Quant aux ustensiles de labour et de ménage, il est d'usage que chacun forge ceux dont il a besoin.

Ce qui frappe le missionnaire quand il parcourt la Corée, c'est la rareté des habitants, leur chiffre ne s'élève qu'à 8 ou 10 millions. En revanche, les loups, les panthères, les ours et les tigres sont tellement nombreux dans les forêts que le roi, qui se réserve le droit de leur faire la guerre, est forcé d'envoyer contre eux une fois chaque année une armée de 5,000 chasseurs. Outre ce fléau qui dévore, dit-on, tous les ans, plus d'un millier d'hommes, la peste et la famine ne déciment que trop souvent cette malheureuse population.

Aux difficultés que le climat et une nature demi-sauvage opposent au missionnaire en Corée viennent se joindre les difficultés plus grandes encore de la langue. « La langue coréenne devait être autrefois une langue à part », disait Mgr Daveluy en 1846, mais aujourd'hui elle semble être transformée en patois chinois. Le P. Dorie l'appelait une langue diabolique. L'évêque d'Acônes l'avait caractérisée par le même mot, vingt ans auparavant. Cette langue, étant alphabétique et ayant ses déclinaisons et ses conjugaisons, est encore assez facile à lire et à comprendre, mais ce qui fait le désespoir de ceux qui l'étudient, c'est la prononciation qu'on ne saisit qu'avec peine et les désinences qui, pour un même temps et pour une même personne, se multiplient à l'infini.

« C'est ainsi, écrivait le P. Dorie le 29 septembre 1865 à son ami Henri, que le présent de l'indicatif a à lui seul cent terminaisons. » La forme varie suivant le degré de respect que l'on doit à la personne à qui l'on parle. « Ainsi : *Ha ta* et *Ha Keit sap ni ta* veulent dire la même chose. Seulement, on doit dire *Ha ta* quand on s'adresse aux grands, et *Ha Keit sap ni ta,* quand on s'adrésse aux inférieurs. Encore dans ce dernier mot, faut-il en parlant, changer le *p* en *m*, et prononcer *sam ni ta* au lieu de *sap ni ta.* Ce changement de lettres est très-fréquent. »

Si on juge de la littérature de la Corée par le langage de ses habitants et par les relations que plusieurs d'entre eux ont faites du martyre de leurs compatriotes, cette littérature est chargée d'images, de comparaisons et d'hyperboles, comme tout ce qui nous vient de l'orient.

Si la langue coréenne tend à se rapprocher de plus en plus de la langue chinoise, il n'en est pas de même du costume national, qui est un vêtement de toile blanche en temps ordinaire et un vêtement de toile écrue pour les jours de deuil. C'était le costume de la Chine entière avant la réforme introduite par la dynastie régnante et par les Tartares Mandchoux. Il ne se retrouve plus aujourd'hui que dans la presqu'île de Corée où il est porté avec un religieux respect.

Voici maintenant le portrait qu'on peut faire du Coréen. Taille presque au-dessous de l'ordinaire, tête ronde au lieu d'être ovale, nez épaté, joues bouffies, sourcils élevés, yeux petits et obliques, menton peu fourni de barbe, teint cuivré : telle est sa physionomie. Au moral, le Coréen est bavard et vantard, il est peut-être aussi menteur que le Chinois, mais il y met moins de malice et de fourberie. Il est plus franc et plus loyal et moins porté que l'habitant du Céleste-Empire au vol et à l'avarice. Il y a chez lui un fond de vigueur et d'énergie morale qui le rend infiniment supérieur à ses voisins. Rien ne lui coûte, une fois converti, quand il s'agit de sauver son âme. Il n'est pas paresseux, et il s'adonne assez volontiers à l'agriculture ; mais comme il aime la gaieté avant tout, il suspend son travail plusieurs fois la journée en été pour chanter et danser au son de la flûte champêtre, de la caisse et de quelques couvercles de chaudrons qu'on agite les uns contre les autres en guise de cymbales.

Le Coréen est superstitieux, comme le sont les idolâtres. Il a ses mille divinités, au nombre desquelles on peut en distinguer dix qui occupent un rang supérieur. Ce sont : le Génie tutélaire des familles, — le Conservateur des habitations, — le Créateur du genre humain, — l'Ami et le Vengeur des parents, — la Providence de l'univers, — les deux Arbitres du foyer domestique, — le Dieu des combats, — le Dieu invoqué contre les fléaux, et, enfin, Confucius, le maître de la sagesse.

En Corée, comme en Chine, le culte des parents défunts fait partie de la religion nationale. Ce qui fait la différence des deux peuples, c'est que le Coréen n'est pas si opiniâtre que le Chinois dans ses coutumes et ses croyances religieuses. Il les abandonne assez facilement pour un culte meilleur. C'est cette disposition naïve des esprits qui a permis au christianisme de s'y introduire et de s'y maintenir, malgré les persécutions dont il n'a cessé d'être l'objet, comme nous allons le voir dans le tableau qu'il nous reste à tracer de cette mission. Son histoire n'est qu'un long martyrologe.

Les premiers prédicateurs de la religion chrétienne en Corée furent, dit-on, les soldats chrétiens qui se trouvaient en grand nombre dans l'armée du superbe et cruel Taï-Ko-Sama, empereur du Japon, lors de son invasion dans ce royaume en 1592. Plusieurs de ceux qui embrassèrent l'Évangile eurent la gloire de mourir martyrs. Le christianisme n'existait plus dans la presqu'île qu'à l'état légendaire, lorsqu'en 1784, le fils d'un ambassadeur de la Corée à Pékin, nommé Ly, fut initié aux dogmes de la foi par l'évêque catholique résidant dans cette capitale. Baptisé sous le nom de Pierre[1], il rentra dans sa patrie et s'en

1. Il est appelé François dans quelques relations.
(*Note de l'auteur.*)

constitua l'apôtre. A force de prédications, de zèle, de patience et de charité, il convertit 4,000 personnes de toutes les classes et de tous les rangs, entre autres ses parents et des nobles de la plus haute distinction. Il sut leur inspirer une si grande ferveur, que plusieurs, sans avoir eu la consolation de voir de missionnaire, versèrent leur sang pour Jésus-Christ dans la persécution qui éclata contre eux en 1791. Le premier prêtre envoyé au secours de ces généreux néophytes par l'évêque de Pékin fut un Chinois du nom de Tchéou ou Chôn, qui ne put y pénétrer qu'en 1795. Il passa trois ans à apprendre le dialecte coréen et n'exerça le saint ministère que quatre années. Il n'en fallut pas davantage pour faire fleurir cette chrétienté d'un jour, et la rendre digne des premiers siècles de l'Église. Embrasser la foi sous l'œil des persécuteurs, c'était renoncer, de gaieté de cœur, à toutes les professions civiles, militaires, libérales et industrielles; c'était se condamner à la misère, souvent à la déportation, à l'exil et à la mort. Malgré cela, le saint prêtre ne suffisait pas à baptiser les adultes qui se présentaient à lui. Il avait une telle réputation de vertu, qu'il était un objet d'admiration pour les païens eux-mêmes. Aussi eut-il le bonheur, dans la persécution qui se ralluma en 1801, de mourir martyr, avec Pierre Ly, l'apôtre laïque, et plus de cent quarante autres chrétiens. Conduit au supplice le 21 mai, le temps, qui était calme et serein, changea subitement, pour faire place à une tempête horrible qui ne cessa qu'au moment où son âme s'envola dans le ciel. On ne peut lire sans attendrissement la relation de son martyre et de celui des autres confesseurs de la foi. Du nombre de ces confesseurs fut la vierge Lutgarde Ly qui défendit la religion avec une grande éloquence. « Ses paroles, dit son historien indigène, sortaient de sa bouche comme une eau courante. Elle n'avait aucune crainte ; elle croyait fermement et espérait en la grande justice. »

Le vénérable prêtre Tchéou avait en mourant prédit aux 10,000 néophytes qu'il laissait après lui, que l'Église coréenne serait veuve pendant plus de trente ans et demeurerait sans sacrifice et sans autel. La prophétie s'accomplit à la lettre. Trente-trois ans durant, personne ne rompit le pain de la parole évangélique à ses enfants désolés qui le réclamaient à grands cris. *Parvuli petierunt panem et non erat qui frangeret eis*[1]. Ce ne fut qu'à force de supplications et de lettres écrites presque chaque année, tant aux évêques à Pékin, qu'aux Souverains-Pontifes à Rome, qu'ils obtinrent en 1831 un Vicaire apostolique dans la personne de Mgr Bruguière; mais ce prélat mourut le 20 octobre 1835, avant d'avoir pu prendre possession du poste qui lui était assigné; heureusement les anges de la Corée avaient conduit à bon port dans la presqu'île un second prêtre chinois en 1834. Deux missionnaires européens, MM. Mauband et Chastan, furent favorisés de la même grâce en 1836; enfin, le 1er janvier 1838, l'Église de la Corée était reconstituée avec son ordre hiérarchique, car Mgr Imbert, son nouveau vicaire apostolique, venait la veille d'y faire son entrée dans le plus grand secret.

Elle se trouvait, hélas! dans l'état le plus triste et le plus lamentable. Chaque année, depuis un tiers de siècle, avait décimé ses rangs; la famine et la misère l'avaient pres-

1. Thren., IV, 4.

que anéantie. Elle ne comptait plus guère que 3,000 néophytes appartenant à un génération nouvelle, car ils n'avaient sucé la foi qu'avec le lait de leurs mères qui n'étaient plus. Mais comme elle se raviva bien vite sous le souffle bienfaisant des apôtres qui lui avaient été envoyés ! Quel beau spectacle elle donna au ciel quand ils furent assez initiés à la langue pour administrer les sacrements ! On vit les nobles convertis tomber à leurs pieds et accuser leurs fautes en toute humilité. Les travailleurs quittèrent leurs chaumières, et, hommes, femmes, enfants, vieillards accoururent de cinq, de dix, de vingt, de trente lieues et plus, pour recevoir une absolution. Ajoutons que ces chrétiens fervents ne rentraient presque jamais chez eux sans avoir fait en route quelques prosélytes et avoir gagné des âmes à Jésus-Christ. Bientôt le nombre fut porté de 3,000 à 10,000.

Ils étaient presque tous préparés au martyre, quand éclata en 1839, un an seulement après l'arrivée de Mgr Imbert, une persécution plus terrible et plus cruelle que les précédentes. Plus de 800 d'entre eux en cueillirent la palme, à la suite du Vicaire apostolique et de ses missionnaires. Un plus grand nombre peut-être périrent de faim dans les montagnes où ils s'étaient réfugiés, préférant se laisser dévorer par les bêtes féroces ou périr de faim (le fléau de la famine ajoutant en cette année-là ses horreurs à ceux de la persécution), plutôt que de trahir leur foi.

On vit un zélé catéchiste préparer au martyre quarante membres de sa famille, et, escorté des soldats qui les avaient pris, les conduire processionnellement dans les prisons de Séoul, en leur disant avec intrépidité : « Courage, mes frères, voyez l'ange du Seigneur, une verge d'or à la main, mesurant et comptant tous vos pas. Voyez Notre-Seigneur Jésus-Christ qui vous précède avec sa croix au Calvaire. » Les bourreaux s'acharnant contre lui lui administrèrent pendant quatre jours des coups de rotin, déchirèrent et broyèrent ses jambes et ses bras sans qu'il perdît rien de sa constance et de sa fermeté. On vit son épouse qui descendait d'une des plus nobles familles coréennes suivre son exemple. Quoique meurtrie de coups et l'âme percée de douleur par la mort des deux plus jeunes de ses enfants qui avaient rendu le dernier soupir entre ses bras faute de nourriture, elle parut calme devant le bourreau et présenta courageusement la tête à son glaive.

Le ministre Y avait fait forger trois grands sabres pour abattre jusqu'à la dernière la tête des disciples de la croix. Quand ils rentrèrent dans leurs fourreaux, on crut le christianisme éteint en Corée. Il n'en était rien.

Quelque temps après, au mois d'octobre 1845, un courageux indigène André Kim, qui mérita d'être élevé à la prêtrise, fut chercher lui-même à Sanghaï le troisième Vicaire apostolique de la Corée, Mgr Ferréol avec M. Daveluy. Sa foi fût récompensée par le martyre qu'il subit en 1846; son sang qui fut le dernier versé fit germer une nouvelle légion de néophytes.

En 1849, il étaient plus nombreux qu'en 1838 ; on en comptait 11,000 dont 1,000 dans la capitale, sous les yeux des tyrans persécuteurs.

En présence d'un succès si admirable et si inattendu, répété plusieurs fois dans un demi-siècle, il n'est pas étonnant que la mission de Corée soit considérée comme la plus belle au Séminaire des Missions-Étrangères. On s'explique après cela, comment des missionnaires tels que M. Maistre, aient pu avoir la patience de rôder tout autour pendant dix ans, sans se décourager, et aient préféré dépenser 60,000 francs, plutôt que de renoncer à l'honneur d'y poser leur tente et de se mêler à ses luttes. De là, cette expression enthousiaste que nous retrouvons en plusieurs lettres du P. Dorie : « Vive la Corée ! une telle mission était digne d'un meilleur ouvrier ! »

Avec Mgr Berneux qui remplaça, en 1854, Mgr Ferréol mort de fatigue l'année précédente, commença pour l'église de Corée une nouvelle ère de prospérité. De courageux apôtres ne tardèrent pas à venir travailler avec lui et avec Mgr Daveluy, devenu en 1857 son coadjuteur. L'arrivée des PP. Dorie, de Bretenières, Beaulieu et Huin, en 1865, porta à douze le nombre de ces hérauts de l'Évangile. Nous allons voir en quel état ils trouvèrent cette mission lorsqu'ils y débarquèrent au mois de mai 1865.

Lorsqu'ils arrivèrent en Mandchourie en 1864, le roi de Corée était mort sans postérité au mois de janvier précédent. Il fut remplacé par la reine Tso ou Tsio, fille et mère de deux grands ennemis du nom chrétien qui se signalèrent dans la persécution de 1839, et veuve d'un des rois précédents.

Elle adopta le jour même de son avénement à la couronne un enfant de douze ans et confia à son père, qui était un prince coréen, les rênes du gouvernement, avec le titre de régent. Voici quelles étaient, à cette époque, les dispositions de la cour par rapport aux chrétiens.

Le régent les tolérait surtout par peur des Européens. La mère du jeune roi, son épouse, allait plus loin, elle les aimait, récitait leurs prières, et aurait embrassé la foi si elle n'eût pas craint de se compromettre. Mais la reine Tso n'était pas dans les mêmes sentiments. Ennemie jurée du christianisme par tradition de famille, elle ne cherchait qu'une occasion, ou plutôt qu'un prétexte pour l'exterminer dans tout le royaume. Les ministres étaient aussi altérés qu'elle du sang chrétien. Tout le monde sentait qu'on était à la veille de graves événements. Deux forces opposées pesaient dans les bassins de la balance. La Corée allait-elle arborer le drapeau de la civilisation chrétienne, ou s'enfoncer de plus en plus dans les ténèbres de la barbarie? On n'en savait rien. Pour le moment, la modération et la tolérance prêchées par le père du roi étaient à l'ordre du jour. Aussi il y avait dans les masses un ébranlement général qui les portait vers la religion catholique. On comptait en 1865 sur 4,000 baptêmes dans la seule province du Nord. Un homme appartenant à la haute aristocratie ayant été régénéré sur les fonts sacrés, un de ses ennemis profita de cette circonstance pour porter contre lui une accusation fausse devant le mandarin. Le juge, après mûr examen, déclara l'accusé innocent. « Innocent ! s'écria l'accusateur, mais il est chrétien ! » — « Je ne puis pas, répliqua le mandarin, le punir uniquement pour son titre de chrétien, puisque c'est une religion que l'Etat tolère. »

Un autre fait contribua à relever le courage des néophytes, au mois d'août 1865. Un mandarin fit une commande chez un orfèvre ; celui-ci eut la hardiesse de lui dire qu'il n'avait pas le temps de travailler pour lui en ce moment. « Qu'est-ce qui t'empêche d'avoir du temps, lui dit le mandarin ? » — « C'est, répondit-il, que j'étudie le catéchisme pour me faire baptiser. » — « Eh bien ! répliqua le mandarin, hâte-toi de te faire chrétien, et tu me feras ensuite ce que je te demande. Aussitôt que cette histoire fut connue, une foule de personnes se crurent autorisées à apprendre les premiers éléments de la doctrine prêchée par les missionnaires. Les païens eux-mêmes tirèrent plusieurs exemplaires des prières des fidèles et coururent de village en village pour les vendre.

La moisson paraissait mûre ; et c'est dans ces circonstances que quatre nouveaux apôtres vinrent se joindre au collége apostolique de la Corée et l'élever au nombre de douze, comme autrefois celui de Jérusalem. L'espérance qui attend avec confiance l'heure des miséricordes du Seigneur est, avec la charité qui se dépense et qui donne sa vie pour le prochain, la grande vertu des hommes qui travaillent au salut des âmes. Le P. Dorie et ses compagnons se rendirent à leurs postes respectifs avec cette espérance dans le cœur.

CHAPITRE ONZIÈME.

LE P. DORIE A SON-KOL. — SA MAISON. — SA NOURRITURE. — SA CHAPELLE. — PIÉTÉ DES VILLAGEOIS. — PROMENADES ET SORTIES. — ÉTUDE DE LA LANGUE. — NOM DONNÉ AU P. DORIE. — DÉSIR DU MARTYRE. — LES RUSSES EN CORÉE. — LE RÉGENT ET SES MINISTRES. — ARRESTATION DES MISSIONNAIRES. — MARTYRE DU P. DORIE.

Le P. Dorie fit son entrée à Son-Kol le 23 juin 1865. La principale récolte de ce village consiste dans le tabac qui croît sur la montagne dont il est entouré de trois côtés ; l'unique vallée par où il est abordable à l'est produit du riz en assez grande abondance. La vallée doit cette fécondité au ruisseau qui l'arrose et la partage en deux. Mais des nuages avant-coureurs de la neige viennent-ils, à la fin de l'été, verser leur trop plein sur les sommets élevés où il prend sa source, alors ce n'est plus un ruisseau qui serpente lentement à travers les fleurs, c'est un torrent qui gronde et qui fuit avec la rapidité de la flèche emportant avec lui les fruits que les champs étalaient la veille avec orgueil. C'est le malheur qui fondit sur Son-Kol au mois d'août 1865, huit semaines seulement après l'arrivée du P. Dorie. La crue fut si subite et si extraordinaire qu'elle submergea une partie du village, et fit périr plusieurs de ses habitants.

L'année 1866 s'annonçait, à l'avance, avec la double perspective de la persécution la plus sanglante et de la disette la plus affreuse.

Le P. Dorie ne trouva point à Son-Kol le confortable qu'il avait rencontré à Saint-Joseph-des-Ours. On le logea dans la maison appelée la *chapelle* du village, la plus belle, sans contredit, de la localité; c'était, en effet, la chapelle et en même temps l'habitation du missionnaire. Mais, au demeurant, on ne peut rien se figurer de plus triste que cette chaumière.

Les Coréens étant généralement petits donnent à leurs maisons l'élévation que réclame strictement leur taille. Le P. Dorie écrivit que le *grand* Just de Bretenières pouvait à peine se tenir debout dans son appartement; pour lui, il pouvait encore circuler assez librement dans le sien. Sa longueur était de 5 mètres et sa largeur de 3 mètres. Les murs étaient en terre et la toiture en paille. La chambre n'avait pas de croisée, l'unique ouverture était une porte dont les panneaux étaient en papier qui avait 1 mètre de hauteur sur 0 mètre 50 de largeur. C'est la dimension des portes dans les villages de Corée. On n'entre qu'en rampant dans les maisons de ce royaume ; encore est-il d'étiquette et de bon ton de laisser au dehors ses souliers et de marcher pieds nus dans l'intérieur, quelle que soit la rigueur de la saison.

L'intérieur d'une maison coréenne est en rapport avec son extérieur. On n'y trouve ni armoire, ni table, ni chaises, ni lit. Le Coréen s'étend par terre, se croise les jambes et s'assied dessus. C'est dans cette position qu'il fume sa pipe et passe une partie de ses journées. Le soir, il met un morceau de bois sous sa tête et dort tranquillement sur le pavé. Ainsi vécut à Son-Kol le P. Dorie.

La nourriture qu'on lui servait chaque jour n'était recommandable ni par la quantité, ni surtout par la qualité ; le vin avait la couleur du lait et le pain n'était pas mangeable. Aussi se mit-il à boulanger lui-même son pain. Le chien étant le grand ragoût du pays, on lui en servait quelques bonnes tranches aux grandes solennités et quand le P. Beaulieu venait lui rendre visite.

Le P. Dorie eut quelque peine à s'accoutumer à ce régime ; mais comme il se jouait de toutes les difficultés et qu'il savait s'accommoder admirablement à toutes les circonstances, il triompha bien vite des répugnances de la nature. Trois mois après son installation à Son-Kol, il écrivait à son compatriote Henri : « Je préfère mon petit logis aux plus belles cures de la Vendée. Ici je vis heureux assis à la coréenne sur mes jambes ou sur mes talons, et je n'ai aucun souci. »

Si le petit logis du missionnaire était pauvre et nu comme salle à manger et chambre à coucher, il l'était encore davantage comme chapelle. L'autel était une simple planche clouée et fixée à la muraille, sous laquelle étaient ses malles qui lui servaient de vestiaire. Chaque matin on couvrait la planche d'une bande de papier de diverses couleurs et on déployait par-dessus un *antipendium* troué de vieillesse et mangé en partie par les souris et par les rats, c'était presque l'étable de Bethléem.

Ce qui le consolait dans ce dénuement de toute chose, c'était la piété de ses villageois. « Ma chapelle est d'une pauvreté sans pareille, écrivait-il à M. le comte de Bessay, le 18 octobre 1865; mais peu importe, mes gens sont contents, et dans ce misérable taudis en terre et en paille, ils prient peut-être avec beaucoup plus de ferveur que bon nombre de chrétiens de France. Le Coréen a la foi très-vive : c'est ce qui réjouit le cœur du missionnaire. » Son-Kol ne comptait pas un seul païen ; tous ceux qui l'habitaient avaient reçu le baptême et se faisaient un bonheur d'assister chaque jour à la sainte messe; le P. Dorie disait dans ses lettres que ses hôtes étaient, sans en excepter un seul, de très-braves gens et qu'il n'avait rien à craindre au milieu d'eux. Il se louait, surtout, de son catéchiste qui était en même temps son servant de messe et son professeur ; il l'appelait « le père nourricier des européens. Si la persécution éclate, il est sûr, écrivait-il, d'avoir la tête coupée. »

Quoique le village fût entièrement chrétien,

le P. Dorie quittait rarement sa cabane. On lui avait fait devant la porte une petite allée où il se promenait tous les jours un moment pour se récréer. Mais un païen venait-il à passer : vite, pour se dérober à sa vue, il rentrait dans sa tanière pour n'en sortir que le lendemain. Son grand désir eût été d'élargir son horizon, et de respirer en liberté l'air pur de la montagne ; mais la prudence le clouait comme un prisonnier sur le dallage de son appartement. Il y vivait habillé à la coréenne, c'est-à-dire vêtu d'une longue robe de toile blanche qu'il ne quittait que lorsqu'il sortait du village pour aller voir le P. Beaulieu et lui faire sa confession, ce qui arrivait environ tous les mois. Ce jour-là il se mettait en deuil et reprenait le costume qu'il avait endossé dans les eaux de la Corée, c'est-à-dire les guêtres, la culotte, le manteau et le voile en toile d'emballage, et le large chapeau de paille. Ainsi affublé, nul n'ayant le droit de l'interpeller et de lui parler, « il n'avait à craindre, disait-il, que les chiens qui couraient après lui comme après un masque. »

Une fois rentré chez lui, le P. Dorie partageait son temps entre la prière et l'étude de la langue coréenne. Un des trois missionnaires qui échappèrent au fer des persécuteurs, le P. Ridel, écrivit le 26 août 1866, à Pierre Dorie, au port de Jard, que son frère Henri, « après huit mois de travail, connaissait suffisamment la langue et était sur le point de commencer l'administration des chrétientés voisines lorsque les premiers bruits de persécution se firent entendre ».

Pendant ces huit mois, il avait eu le secret de se faire respecter et aimer de ses chrétiens. Il était pour eux le type du missionnaire coréen. Son regard doux et modeste, son visage épanoui et gai, son air candide, sa parole suave, ses allures pleines de franchise et d'amabilité, le tout rehaussé d'une petite taille, chose qui a son prix en Corée, les avaient charmés. Aussi l'avaient-ils nommé *Kim*, qui signifie or, et *Sin-Pou*, qui veut dire père spirituel. *Kim-Sin-Pou* est, en Corée, le plus beau nom qu'on puisse donner à un homme, et les chrétiens en étaient tout fiers pour lui. Il aimait lui-même ce nom, par un motif tout à fait surnaturel : c'est qu'il avait été porté avant lui par plusieurs confesseurs de la foi. Il écrivit à ce sujet, à son cher

Henri : « Il y a beaucoup de martyrs du nom de *Kim*, puissent-ils m'obtenir la même faveur qu'eux ! »

Le désir du martyre, au lieu de s'affaiblir en lui, s'accentuait dans son âme avec d'autant plus de force que le terme en était plus rapproché. Après avoir dit à M. de Bessay, dans une lettre du 18 octobre 1865, que la Vendée et la Corée étaient les deux choses qu'il aimait le plus au monde, il ajoutait que quand on avait le bonheur, comme lui, de reconnaître une patrie dans l'une comme dans l'autre de ces deux contrées, il ne restait plus rien à convoiter sinon le martyre ; et il terminait en s'écriant : « Puissé-je le recevoir bientôt ! » Il répétait souvent avec saint Grégoire : *L'unique chemin du ciel pour moi, c'est de mourir pour Jésus-Christ : unum ad palmam iter, pro Christo mortem appeto !* La palme du martyre ! *il voulait en savourer les délices, goûter sous son ombrage les douceurs du repos et en faire le plus bel ornement de son triomphe*, pour parler le langage de ce grand évêque : *quæ dicitur suavis ad gustum, umbrosa ad requiem, honorabilis ad triumphum.*

A la fin d'octobre 1865, un fait précurseur

de la tempête venait d'arriver à la connaissance de Mgr Berneux. Un Anglais lui avait écrit qu'il allait incessamment entrer à Séoul pour y faire de la propagande et y distribuer ses bibles. Le pasteur consterné avertit ses ouailles pour les préserver du poison de l'erreur. Il leur manifesta en même temps la crainte où il était de voir, à propos de cet événement, la cour s'inspirer d'une haine de plus en plus profonde pour les Européens.

Cependant le danger n'était pas là. Il devait venir non de l'Angleterre, mais de la Russie.

Cette puissance colossale qui pèse sur deux mondes, l'Europe et l'Asie, élargit chaque jour, comme on sait, les limites de son vaste empire, surtout dans l'extrême Orient. De conquêtes en conquêtes, la voilà rendue aux portes de la Chine et de la Corée. Il semble que le P. Dorie eut, dès son séjour en Mandchourie, un pressentiment de ce qui arriva quelques mois plus tard. Six jours avant son départ de Saint-Joseph-des-Ours, il écrivait à son cher abbé de Saint-Hilaire : « Les Russes sont à la porte. Un de ces quatre matins, s'il leur en prend fantaisie, ils vont envahir la pauvre Corée. Alors, adieu la religion catholique. Peut-être un jour, entendrez-vous dire que votre petit ami est parti en exil dans la grande Sibérie. Oh ! quel bonheur alors ! Peut-être aussi le conduira-t-on , à force armée, à Saint-Pétersbourg ! C'est la menace qu'ils ont faite à notre confrère M. Boyer, missionnaire apostolique en Mandchourie. On lui a donné quinze jours pour sortir du territoire russe, sinon on devait le livrer entre les mains du consul français. »

Les Russes se montrèrent en effet l'année suivante sur les côtes septentrionales du royaume et demandèrent une concession de terrain pour y fonder un établissement, ou comptoir de commerce. La Corée était incapable de leur opposer la moindre résistance. Ses soldats, si l'on peut appeler de ce nom des gens qui ne sont braves que pour dépouiller les faibles, sont en grande partie dépourvus d'artillerie et de fusils. Le régent, ne sachant comment se débarrasser de ces hôtes importuns, fit mander à la capitale Mgr Berneux qui était occupé dans le Nord à baptiser près d'un millier d'adultes. Il lui promettait en cas de réussite la liberté religieuse. Si le père du roi agit de bonne foi dans cette circonstance, comme sembla le croire le Vicaire apostolique, ses dispositions ne tardèrent pas à changer ; et ce fut l'ambassade coréenne qui se trouvait à Pékin au mois de décembre 1865 qui en fut la cause. Il paraît, d'après les lettres du P. Ridel et les correspondances adressées aux journaux anglais, qu'elle écrivit une lettre à la cour dans laquelle il était dit qu'en Chine on tuait encore des missionnaires catholiques, malgré les traités passés avec la France et la présence de son pavillon dans la capitale du céleste empire, et qu'il serait bon d'en faire autant en Corée. Le cri de : Mort aux Européens ! retentit aussitôt aux oreilles du régent. Il était poussé par ses ministres qui lui persuadèrent que leur massacre demeurerait impuni.

Voici en quels termes le P. Ridel raconte la conversation qui eut lieu à ce sujet entre le régent et le premier ministre :

— A mort tous les Européens qui sont dans le royaume ! à mort tous les chrétiens !

— Mais, objecta le régent, les navires Européens viendront les venger.

— Je réponds de tout, reprend le premier ministre. N'avons-nous pas tué déjà plusieurs de ces Européens? Qui a jamais cherché à venger leur mort ? Quel dommage en avons-nous éprouvé ?

Il se trompait, le misérable ! La France chrétienne, insultée dans la personne de ses missionnaires apostoliques, devait un jour répondre à l'insolence du ministre par la voix formidable de ses canonnières et de ses batteries. Le blocus de Séoul par le contre-amiral Roze, et, à quelques lieues de cette capitale, la prise de Kang-Hoa, le 16 octobre suivant, la destruction de ses remparts, de ses forts, de ses poudrières et de ses palais « devaient prouver au gouvernement coréen (pour parler le langage du *Moniteur*) que le meurtre des missionnaires français ne pouvait rester impuni ».

Le régent se laissa forcer la main et signa l'édit de persécution, avec d'autant plus de confiance que les Russes avaient d'eux-mêmes repris la mer et abandonné le pays. Une fois lancé dans cette voie, il se montra cruel jusqu'à la barbarie. Mgr Berneux avait été mandé à la capitale pour le bien du royaume. Il y était arrivé à la fin de janvier pour obéir, comme un bon citoyen, aux ordres de son souverain. Le traîner en prison en pareille circonstance, et, surtout attenter à sa vie, c'était se rendre coupable d'une trahison infâme, et manquer à toutes les lois de justice et d'humanité en vigueur même chez les peuples les moins civilisés. C'est cependant ce qui eut lieu vers la mi-février 1866.

Quinze jours après sa rentrée à Séoul, les satellites du régent l'arrachèrent de force de sa maison et le jetèrent dans le cachot des criminels. Il comparut le lendemain devant le prince et deux de ses ministres. S'il ne put sauver sa chère mission des horreurs de la persécution, il se montra au moins le glorieux successeur des martyrs qui avaient été précédemment décapités pour la foi dans la presqu'île. « Sa contenance devant le régent, écrivit au P. Ridel Mgr Daveluy qui le tenait de témoins oculaires, fut calme, ferme et pleine de dignité. »

La Corée en février 1866 comptait, disait-on, plus de 30,000 chrétiens. Le régent, ne pouvant les exterminer tous, commença par les frapper dans leurs chefs et dans ceux qui les avaient reçus et leur avaient donné asile. Où logeaient les missionnaires ? La police de la capitale connaissait la demeure de Mgr Berneux, mais elle ignorait celle de ses collaborateurs, on le pense du moins. Les villages qui les abritaient étaient pour la plupart perdus dans les gorges des montagnes et les chrétientés ferventes qui les entouraient formaient autour d'eux comme un rempart infranchissable. Pour trouver le Sauveur du monde, la veille de sa passion, il fallut que la troupe envoyée par les princes des prêtres pour le garrotter fût conduite par un traître qui connaissait le jardin où se retirait son Maître et la grotte où il faisait oraison. Pour prendre d'un seul coup de filet deux évêques et sept missionnaires sur dix, il ne fallait rien moins qu'un apostat en Corée. Ce nouveau Judas se rencontra dans l'assemblée des fidèles. Quand il eut donné les renseignements et les signalements nécessaires, les vautours s'abattirent impunément sur leur proie. Il n'y eut que trois missionnaires qui leur échappèrent; les neuf autres furent conduits au supplice; Mgr Berneux et les PP. Dorie, de Bretenières et Beaulieu le 8 mars 1866; les PP. Petitnicolas et Pourthié le 11, et Mgr Daveluy, les PP. Aumaître et Huin le 30 du même mois.

Pour en revenir au P. Dorie, il fut instruit de ce qui se passait à Séoul et de l'arrêt de mort prononcé contre lui la veille de son arrestation. Il pouvait sortir de sa retraite, quitter son village et demander un refuge aux cavernes de la montagne ; mais la montagne elle même était inhospitalière ; sa solitude n'était pas assez profonde, et ses pics n'étaient pas assez sauvages pour le dérober, dans leurs anfractuosités, aux regards des humains. Dans la lettre qu'il écrivit de Sanghaï à son frère, le 26 août 1866, le P. Ridel raconte ainsi son arrestation et sa mort :

« Les satellites couraient le pays ; impossible de se cacher, il était trop tard pour fuir. Le P. Dorie comprit de suite sa position et déclara énergiquement qu'il attendrait qu'on vînt le prendre. Déjà il avait fait son sacrifice, déjà il avait offert sa vie à Dieu. Les satellites, en effet, vinrent le lendemain dans son village et l'emmenèrent prisonnier à la capitale où il resta quelques jours en prison, en compagnie de Mgr Berneux et de MM. de Bretenières et Beaulieu ; je ne sais pas ce qui se passa en prison ; mais le jeudi 8 mars, ces généreux confesseurs de la foi furent conduits en dehors des murs de la ville, et, au milieu d'un grand concours de peuple curieux de voir des figures européennes, ils eurent la tête tranchée. »

Ainsi parle le P. Ridel. Forcé par ses confrères de quitter la Corée pour informer de ce qui s'y passait le contre-amiral Roze, commandant la station navale des mers de Chine, il s'embarqua avec onze chrétiens le 1er juillet et arriva le 7 à *Tien-Tsing*. Il n'avait pu, avant son départ, recueillir d'autres détails. Nous trouvons une particularité intéressante pour ce qui concerne le P. Dorie, dans une lettre écrite le 22 mai par le P. Féron, l'un de ceux qui trompèrent la vigilance des soldats et échappèrent à leur glaive. Il nous apprend qu'il eut à endurer, ainsi que les compagnons de son supplice, d'horribles tortures avant de recevoir le coup de sabre qui lui ôta la vie. Le bourreau chargé de son exécution l'écrasa de coups de rotin et ne fit qu'une plaie de tout son corps. La chair des jambes, en particulier, vola en lambeaux et laissa les os à nu ; les jambes elles-mêmes furent à demi-brisées. C'est avec ces livrées glorieuses que son âme tout empourprée de son sang a pris rang dans la milice des martyrs et s'est associée, la palme à la main, à l'éternel triomphe de son divin chef.

Bouton de rose, la hache coréenne le sépare, au printemps de son âge, du rosier de l'Église militante; il s'est épanoui dans un monde meilleur, et il ne nous a laissé que le parfum de ses vertus.

Les vœux du P. Dorie étaient enfin réalisés. Il avait écrit : « *Souffrir pour Dieu est désormais ma devise !* » Il avait donné pour ce Dieu qu'il aimait tant jusqu'à la dernière goutte de son sang. Il avait dit aussi à son bienfaiteur, au Séminaire des Missions-Étrangères, en lui montrant une châsse vide qui attendait un martyr : « *Qui sait si elle ne sera point la mienne un jour?* » Tout porte à croire que ce cri prophétique sera entendu et que ses ossements viendront y reposer tôt ou tard. Nous lisons dans la lettre que le P. Ridel écrivit à son frère : « Les corps de Mgr Berneux et des PP. Dorie, de Bretenières et Beaulieu restèrent quelques jours exposés, puis les chrétiens purent les retirer pour les enterrer dans un lieu convenable où, si la paix se fait, nous pourrons facilement les trouver. » Dieu lui-même semble veiller à leur conservation, car, s'il faut en croire les relations des missionnaires coréens, les corps de Mgr Daveluy et des PP. Aumaître et Huin, visités par les chrétiens au mois de juin, c'est-à-dire plus de trois mois après leur sépulture, ne présentaient encore aucune trace de corruption.

Quoi qu'il en soit, la Vendée peut être fière d'avoir donné le jour au P. Henri Dorie, et l'Église de Luçon fait des vœux pour que le père commun des fidèles, en vertu du pouvoir suprême qu'il a reçu de Jésus-Christ, lui accorde un jour une place dans la galerie de ses saints.

CHAPITRE DOUZIÈME.

AMITIÉ DU P. DORIE POUR LE P. DE BRETENIÈRES. — LETTRE DU P. PATRIAT A MONSEIGNEUR L'ÉVÊQUE DE LUÇON. — LETTRE DE MONSEIGNEUR A M. LE CURÉ DE SAINT-HILAIRE. — CÉRÉMONIE EN L'HONNEUR DU MARTYR DORIE.

Nous n'avons rien à dire des huit autres martyrs de la Corée. Ils trouveront, il faut l'espérer, dans les diocèses qui les ont vu naître des écrivains dignes d'eux. Cependant, nous ne pouvons nous empêcher d'unir à la mémoire du P. Henri Dorie celle du P. Just Ranfer de Bretenières. Le P. Dorie s'était épris pour lui d'une vive et tendre amitié. M. le baron de Bretenières, père de l'abbé Just, en rend témoignage en ces termes :

« J'ai eu plusieurs fois l'occasion de voir à Paris ce saint jeune homme, et le grand attachement qu'il témoignait à mon fils lui a fait trouver une place toute particulière dans mon souvenir.

« Nous savons, Madame de Bretenières et moi, que notre fils l'estimait pour son grand zèle et son dévouement. M. l'abbé Dorie avait le cœur aimant, et le caractère de Just avait attiré ses sympathies. Aussi, nous avons appris de la bouche de M. Languereau, supérieur du collége de Pulo-Pinang, alors à Paris, que le jour où les destinations furent assignées aux jeunes apôtres, M. Dorie apprenant qu'il devait être le compagnon de Just s'écriait plein de joie, en allant faire part de son bonheur aux uns et aux autres, et sans s'occuper du lieu où on l'envoyait : *C'est moi qui vais avec Just!* Et, à la question : Mais où allez-vous ? Il répondait : *Je n'en sais rien, mais je vais avec Just, c'est tout ce qu'il me faut.* — Ces sentiments lui étaient inspirés par la conformité de leurs vertus, et mon fils lui rendait affection pour affection. »

Ainsi s'exprimait M. le baron de Bretenières dans une lettre écrite à Mgr Colet, dans les premiers jours de décembre 1866.

Un autre lien unissait encore les deux missionnaires, c'est que tous les deux reconnaissaient un père dans ce digne prélat qui appartient par ses œuvres et par le cœur au diocèse de

Dijon, dont il était vicaire-général avant d'occuper le siége de Luçon. En montant au ciel le même jour, après avoir mêlé leur sang sur le même autel du sacrifice, ils ont cimenté l'union des deux Églises ; et la Vendée, s'inspirant de la pensée de son vénérable pontife, voudra les confondre tous les deux dans un sentiment commun de fraternelle admiration, en attendant qu'elle puisse les mettre au rang de ses protecteurs et de ses patrons.

Le P. Patriat, membre de la Congrégation des Missions-Étrangères, semble lui-même l'avoir compris ainsi, comme on peut en juger par la lettre suivante qu'il écrivit de Singapore, le 1er août 1866, à Mgr Colet pour l'informer de ce double martyre.

« MONSEIGNEUR,

« Voici une bien grande nouvelle que j'ai l'honneur d'annoncer à Votre Grandeur. M. Henri Dorie et M. Simon-Marie-Antoine-Just de Bretenières viennent de monter au ciel avec la palme du martyre.

« Tout ce que nous savons sur leurs précieux et derniers moments, c'est qu'ils ont été arrêtés sur la fin de février dernier. Quelques jours plus tard, à côté de Mgr Berneux, leur vénérable et vénéré Vicaire apostolique et un autre missionnaire, ils combattaient les combats du Seigneur. Ils ont eu la gloire de subir des tourments inouis, tels qu'on les invente en Corée. Enfin, le 8 mars dernier, après avoir tous versé leur sang pour la foi, ils sont allés rejoindre la glorieuse phalange des martyrs. Quelques jours plus tard, cinq autres de nos bien-aimés confrères partageaient la même gloire. En un mot, de douze missionnaires que nous possédions en Corée, il ne nous en reste plus que trois dans cette chère mission. Les neuf autres, avec leurs palmes toutes resplendissantes, sont devant le trône de l'Agneau pour l'éternité.

« Je viens d'écrire à Mgr de Dijon, en priant Sa Grandeur de daigner prévenir de cette touchante nouvelle la digne et respectable famille Ranfer de Bretenières. Monseigneur, mieux que personne, saura la préparer à ce nouveau et parfait sacrifice. Sans doute le martyre d'un fils doit coûter au cœur d'un père et d'une mère ; mais aussi, devant Dieu, il doit consoler et réjouir la foi du chrétien.

« Monsieur et Madame de Bretenières en donneront une nouvelle preuve, j'en suis sûr. Votre Grandeur, du reste, les connaît mieux que moi. C'est pour cela, Monseigneur, que je me hâte de vous communiquer, du fond de l'Asie, cette touchante nouvelle qui sera doublement chère à votre cœur d'apôtre et d'évêque.

« C'est à l'ombre de ces neuf palmes toutes verdoyantes que j'ose, Monseigneur, rappeler à votre bienveillant souvenir le dernier membre d'un diocèse qui vous est cher, en vous priant de daigner agréer l'hommage du profond respect avec lequel j'ai l'honneur d'être,

« De Votre Grandeur,

« le très-humble et tout dévoué serviteur

« *in Domino Jesu*,

« PATRIAT, *miss. ap.* »

Monseigneur l'évêque de Luçon, aussitôt la réception de cette lettre, empreinte d'une poésie tout apostolique, s'empressa de remplir la double mission dont il avait été chargé. M. le baron de Bretenières et sa noble dame trouvèrent en lui un ange consolateur. Il n'oublia pas non plus la famille Dorie qui, quoique moins bien partagée dans les dons de la fortune, n'en est pas moins digne de la vénération qui s'attache au front de ceux qui fournissent des martyrs à l'Église de Dieu.

Nous sommes heureux de pouvoir reproduire la lettre que Sa Grandeur écrivit à ce sujet à M. l'abbé Renolleau, curé de Saint-Hilaire-de-Talmont :

« *Mormaison, le 7 septembre 1866.*

« Monsieur et cher Curé,

« Je reçois aujourd'hui même une lettre de Singapore m'annonçant que l'abbé Dorie, votre paroissien, missionnaire apostolique en Corée, a obtenu le 8 mars dernier la palme du martyre, après un glorieux combat.

« Cette nouvelle affligera sa famille selon la nature, mais elle la consolera selon la grâce. La gloire des enfants rejaillit sur leurs parents et sur le pays où ils sont nés. Aussi, tout en compatissant à la douleur de la famille Dorie, je ne puis m'empêcher de la proclamer bienheureuse !.... Heureux père !

heureuse mère ! qui ont été jugés dignes de donner à l'Église un apôtre et un martyr, et au ciel un prédestiné ! Heureuse la paroisse de Saint-Hilaire à qui Dieu a procuré une telle illustration !

« Ce cher enfant est maintenant assis pour jamais sur un trône plus brillant que tous les trônes du monde. Il a tout quitté pour suivre Jésus-Christ, et aujourd'hui, après quelques jours d'épreuves et de combats, il jouit pour l'éternité du centuple qui lui a été promis, et il étend sur nous les palmes de sa victoire pour nous protéger et nous bénir.

« Je ne connais pas la famille du bon abbé Dorie, mais je la bénis comme la tige féconde d'où est sorti le jeune rameau, aujourd'hui plus grand que l'arbre des forêts, et étendant au loin son ombre sur l'Église pour la protéger ainsi que son auguste Chef. Pour vous, vous serez saintement fier de la gloire que votre paroissien fait rejaillir sur vous et sur votre vicaire.

« Agréez, Monsieur et cher Curé, l'assurance de mes sentiments les plus affectueux.

« † CHARLES, *év. de Luçon.* »

La réponse de M. le Curé de Saint-Hilaire fut l'organisation d'une fête magnifique dans son église. Elle eut lieu le 4 décembre 1866. Pour honorer la mémoire du P. Henri Dorie, la paroisse qui l'a vu naître se leva comme un seul homme. Tel est le privilége du martyre : il élève les âmes au-dessus des passions qui rapetissent l'homme, il les emporte comme malgré elles dans une région plus rapprochée du ciel, où l'héroïsme de la vertu est compris et apparaît dans tout son éclat. Au souvenir d'un martyr qui, en témoignage de sa foi, a livré ses membres à des tortures inouïes et sa tête au sabre homicide du bourreau, l'indifférence n'est pas possible, il n'y a plus que le respect et l'enthousiasme qu'inspire son courage.

Telle se montra la population de Saint-Hilaire-de-Talmont. Nous ne dirons rien des oriflammes qui flottaient dans les airs, ni des arcs-de-triomphe qui décoraient la rue par où Monseigneur l'Évêque de Luçon passa pour se rendre du presbytère à l'église, avec son cortége, qui se composait d'une cinquantaine d'ecclésiastiques, au milieu desquels on distinguait les anciens supérieurs et directeurs qu'avait eus le P. Dorie, tant au petit séminaire des Sables-d'Olonne qu'au grand séminaire de Luçon, ni de la messe pontificale célébrée avec pompe par Sa Grandeur ; nous voudrions seulement faire entendre un écho des discours prononcés à l'occasion de la fête, discours touchants et pathétiques, s'il en fut jamais, qui, à plusieurs reprises, firent couler les larmes de l'assemblée. Mais comment cet écho affaibli répétera-t-il des choses qui se sentent plutôt qu'elles ne s'expriment ?...

Le digne curé de la paroisse prit le premier la parole et adressa à Monseigneur, avant l'office, une allocution toute de cœur et de circonstance qu'il termina à peu près en ces termes :

« Pourquoi, prélat bien-aimé, ce concours de prêtres et de fidèles ? Ah ! c'est que tous savaient que vous deviez entrer aujourd'hui dans cette enceinte sacrée pour y faire une cérémonie en l'honneur d'un martyr, enfant de cette paroisse. Je l'aperçois du haut du ciel ce cher enfant, il me permettra bien de lui donner encore ce nom, les yeux fixés sur l'église où il a reçu le saint baptême, il sourit à ses compatriotes qui sont devenus ses admirateurs, et il détache de sa palme quelques rameaux pour en tresser des couronnes, la première pour ce Pontife magnanime, ce père de tous les missionnaires, le bien-aimé Pie IX qui, au milieu de la guerre acharnée que ne cessent de lui faire les implacables ennemis de la religion catholique, toujours calme et tranquille, tient d'une main ferme le gouvernail de l'Église; une pour vous, Monseigneur, qui lui avez donné les ordres mineurs, qui l'avez béni avec tendresse au moment de son départ et l'honorez en ce jour par cette glorieuse cérémonie; une pour ses confrères dans le sacerdoce réunis dans cette enceinte; une pour la famille généreuse qui en payant les frais de son éducation a contribué à lui procurer cette palme brillante; une pour ses père et mère, son frère, ses sœurs et ses parents bien-aimés; une toute petite pour son curé et une autre pour son zélé collaborateur; une enfin pour tous ceux qui sont venus ici pour célébrer sa gloire et ses vertus. »

La réponse de Monseigneur fut la glorification du martyre. Il y trouva avec saint

Ambroise la plus pure et la plus grande de toutes les gloires. La mère de saint Symphorien l'avait compris quand elle était la première à encourager son fils à en cueillir la palme. La vie chrétienne est elle-même un martyre : heureux les chrétiens qui vivent d'une vie d'immolation et de sacrifices !

Après l'évangile, M. l'abbé Gourraud, vicaire général et supérieur du Grand-Séminaire de Luçon, monta en chaire et tint pendant trois quarts d'heure l'assemblée tout entière suspendue à ses lèvres.

Ce fut de la part de l'orateur un flot de grandes et nobles pensées qui, avant d'arriver aux oreilles des auditeurs, avaient traversé le vrai foyer d'éloquence, le cœur. Lui aussi, il fit, mais sur une plus grande échelle, l'apologie du martyre des missionnaires. Dans un premier point, il parla de son excellence dans son principe, et, dans un second, de son excellence dans ses effets.

1° Excellence du martyre d'un missionnaire dans son principe. Il montra Dieu façonnant lui-même l'esprit et le cœur de celui qu'il appelle à cette gloire, et développant en lui la foi et l'amour. Dieu commence et achève son œuvre. Le futur martyr va quitter sa mère, et on l'accuse de ne pas l'aimer. « Moi! ne pas aimer ma mère, cette mère qui m'a nourri, qui m'a serré dans ses bras, qui m'a élevé! Oh! j'aime ma mère!... Mais j'ai dans mon cœur un autre amour qui est encore plus fort... C'est l'amour du Dieu qui m'appelle... » Il y eut au moment où ces mots tombèrent de la bouche de l'orateur, un frémissement dans tout l'auditoire. Il le représenta ensuite sous l'action de cet amour, sillonnant les flots pour atteindre les âmes qu'il veut sauver au prix de sa vie. Le monde appelle cela de la folie. Oui, c'est une folie, si les choses de la terre ont plus d'importance que celles du ciel; mais, si l'on doit vivre pour Dieu ici-bas, c'est au contraire une sagesse.

2° Excellence du martyre d'un missionnaire dans ses effets. Il procure la gloire de Dieu. L'orateur prouva que Dieu en recevait la plus grande gloire possible. Le martyr adore Dieu de la manière la plus parfaite, il l'aime de l'amour le plus sublime. Sa mort est une protestation énergique contre la lâcheté du monde et son fatal entraînement vers les jouissances de la vie. Elle est la réparation des scandales qui débordent de toutes parts. Mais qui dira la gloire du martyr lui-même ? Son âme s'envole dans le ciel. Elle est reçue par qui ? par celui pour lequel il est mort, par Jésus-Christ. Le Fils de Dieu la présente à son Père. Le martyr sur la terre a été le plus près de sa croix, il demande qu'au ciel il soit le plus près de son trône. Le Père y consent. Le voilà, ce martyr perdu dans la gloire du Sauveur et placé, comme un fleuron, dans son auréole. Quelle gloire ! Cette gloire, elle se reflète sur la terre, elle rend le nom du martyr immortel ; elle se reflète sur l'Église, sur sa paroisse en particulier, sur ses bienfaiteurs, sur sa famille, et surtout sur sa mère qu'elle arrache à un éternel oubli.

La gloire de Dieu, c'est aussi le salut des âmes. Le martyr sauve les âmes par sa prédication. Jésus-Christ a plus prêché par son sang que par sa parole ; il en est de même de celui qui donne sa vie pour lui, *defunctus adhuc loquitur* [1]. Il parle par sa mort. Il parle aux justes, aux pécheurs, à ceux qui peut-être traitent son héroïsme de folie. Son sou-

1. Hebr., XI, 4.

venir parlera toujours pour donner des leçons de force et de courage.

Le martyre, c'est encore là l'un de ses effets, est une semence, une semence de chrétiens pour le pays qui s'est abreuvé de son sang, *sanguis martyrum semen christianorum*[1]. On plaint la Corée qui a tué l'un de ses prophètes dans la personne du P. Dorie ; l'orateur, lui, ne la plaint pas, il voit pour elle un germe fécond dans le sang qui a été versé. Puis, c'est une semence d'apôtres ; un tombe, dix sont là pour le remplacer, le martyre est un aiguillon qui excite les hommes de foi[2].

Le martyre enfin est une prière, c'est la prière du sang, quelle prière ! Il priera, le martyr Dorie pour sa chère Corée, pour l'Église, pour le Pape, pour la France, pour le diocèse de Luçon, pour sa paroisse natale, pour sa famille, pour son évêque, pour ses bienfaiteurs. Comment Dieu n'exaucerait-il

1. Tertullien.

2. L'orateur disait vrai : au mois de février suivant, deux autres Vendéens, les PP. Martineau, de Saint-Gilles, et Richard, de Saint-Philbert-de-Bouaine, quittaient le Séminaire des Missions-Étrangères pour aller remplacer en Corée le P. Dorie. (*Note de l'auteur.*)

pas une prière dont le cri est celui du sang?

Toutes ces belles pensées furent développées avec un entrain qui séduisit et captiva les âmes.

L'office divin fut clos par la bénédiction solennelle du Saint-Sacrement et par le chant du *Te Deum*, pour remercier Dieu du bonheur accordé au P. Henri Dorie.

Quelques instants après, Pierre Dorie, frère du martyr, se présenta devant Monseigneur avec son père, sa mère et ses sœurs, et il lui adressa, à travers un torrent de pleurs, quelques paroles vivement senties qui firent fondre en larmes tous les assistants.

« Monseigneur, dit-il, je viens au nom de mes bons parents, de mes sœurs et de toute ma famille, remercier Votre Grandeur de tout ce qu'elle a bien voulu faire en l'honneur de mon frère bien-aimé. Sans doute, au moment de son départ pour le Séminaire des Missions-Étrangères et pour la Corée, nous avions tous fait à Dieu un grand sacrifice, et nous n'avions guère conservé l'espoir de le revoir; mais il n'en est pas moins vrai de dire que la nouvelle de son martyre nous a d'abord plongés dans la douleur la plus amère; un moment la nature l'a emporté sur la foi, et nous avons donné un libre cours à nos larmes. Mais, grâce à la lettre si belle et si touchante que vous avez écrite pour nous, grâce aux paroles bienveillantes et consolantes de notre vénéré curé et de son zélé collaborateur, grâce à la magnifique cérémonie dont nous venons d'être les témoins, grâce à ce nombreux clergé qui a daigné venir de toutes les parties du diocèse pour en rehausser la solennité, nous comprenons maintenant que si nous pouvons nous affliger de sa mort selon la nature, nous devons aussi nous en réjouir selon la grâce. Nous savons que nous avons un protecteur au ciel. C'est de là qu'il nous voit, nous aime et nous attend. Nous nous efforcerons tous de marcher sur ses traces pour aller le rejoindre un jour; mais, pour nous fortifier dans nos bonnes résolutions et pour nous soutenir dans les difficultés de la vie, nous conjurons Votre Grandeur de nous accorder à tous une dernière bénédiction. »

Monseigneur remercia avec effusion de cœur le frère du martyr, son père, sa mère et ses sœurs; il ne condamna pas leurs larmes, le Seigneur ayant voulu éprouver lui-même les premières impressions de la nature dans le Jardin des Olives, et la sainte Vierge ayant pleuré au pied de la Croix, mais il leur fit comprendre que le jeune missionnaire était plus heureux aujourd'hui que s'il eût été Pape, et il les assura qu'ils le reverraient un jour s'ils savaient comme lui vivre de sacrifices et de croix.

Après cette scène attendrissante, qui fut suivie d'un repas au presbytère, auquel Monseigneur voulut admettre le père et le frère du martyr, un de ses anciens professeurs au petit séminaire des Sables-d'Olonne, M. l'abbé Louis Grolleau, professeur de seconde, lut à l'assemblée l'ode suivante dédiée à la mémoire du P. Dorie :

Vendée, il fut un temps d'héroïque mémoire,
Jour de combats pour toi, mais d'immortelle gloire,
Et dont le souvenir ne peut périr en nous;
Où tes enfants volaient si nombreux au martyre
Que de tes nobles mains tu ne pouvais suffire
A tresser, chaque jour, des couronnes pour tous.

Frémissantes d'orgueil, que tes mains étaient vives
A ce noble labeur! mais depuis inactives,

Dès longtemps au repos tu dus les condamner.
Remets-les donc enfin à cette œuvre sublime :
Voici l'un de tes fils, un enfant magnanime
Qui vient t'offrir, sanglant, son front à couronner.

Oh ! que cette couronne apparaisse brillante !
Ornes-en de ta main la tête triomphante
De ce nouveau témoin de ton antique foi.
Il en est pour douter que ta foi vive encore !
Réponds-leur aujourd'hui : C'est ainsi que j'honore
Un fils martyr, un fils vraiment digne de moi !

Nous l'avons tous connu... nature douce, aimante,
Son cœur candide et pur et son âme innocente
Se lisaient dans son œil, comme en un clair rayon.
Ouvert, facile à tous, chacun put le connaître,
Cependant, nul de nous ne devina peut-être
Sous cet œil de colombe un vrai cœur de lion.

Tel l'ennemi, jadis voyant d'abord nos pères
Humblement à genoux égrainer leurs rosaires,
Voulut à peine en eux connaître des soldats !
A quoi bon, disaient-ils, lutter contre des femmes?
Et pourtant quels héros ! et quelles grandes âmes !
Ils l'apprirent bientôt à l'heure des combats !

— Mais ceux qui du martyre instruisaient les novices,
Tous, eux-mêmes héros, couverts de cicatrices,

Ne s'y trompèrent pas... Au jeune Vendéen
On les vit assigner, d'une voix unanime,
Le poste qui demande un cœur plus magnanime;
On l'envoya lutter sur le sol coréen.

Que de combats rêvait ton âme ambitieuse!...
Dieu ne voulait de toi qu'une mort glorieuse;
Semblable à ces guerriers au nom prédestiné,
Qui, dès leur coup d'essai, saisissant la victoire,
S'élancent d'un seul bond au sommet de la gloire,
Tu parus, tu vainquis..., ton front fut couronné.

Et, telle fut ta vie... un jour ceux d'un autre âge
Aisément la liront en une seule page;
Mais cette page unique, écrite avec ton sang,
Restera... déroulant ses annales fameuses,
Ta patrie, entre tant de pages glorieuses,
L'indiquera du doigt à son dernier enfant.

Et maintenant, honneur au hameau solitaire
Qui lui donna le jour, qui vit ses premiers pas!
Humble église, salut! sous tes arceaux de pierre
Dieu souffla dans son cœur l'ardeur des saints [combats.]

Honneur, honneur à toi, famille trop heureuse,
Qui te vois tout à coup élever, anoblir!
Nul blason n'offre aux yeux pièce plus glorieuse
Que celui qu'embellit la palme d'un martyr.

Oui, gloire à toi surtout, femme chrétienne, ô mère,
Quel cœur dur oserait te défendre les pleurs ?
N'a-t-elle pas versé des pleurs sur le Calvaire,
En immolant son Fils, la Mère de douleurs ?

Au ciel, au ciel pour toi la récompense entière !
Quel hommage ici-bas pourrait te réjouir ?
O femme, cependant, ah ! tu peux être fière,
Toi qu'on montre en disant : « La mère du martyr ! »

A nous, jeune héros, ton exemple sublime !
C'est peu de l'admirer, d'ardeur qu'il nous anime !
Qu'il rende nos cœurs forts, car les jours sont mau-[vais...]
Notre œil, à l'horizon, n'aperçoit que tempêtes.
Qui sait que d'ouragans à passer sur nos têtes,
Avant de voir, enfin, briller les jours de paix !

Oui, frère, dans ces temps de lamentable crise,
Il faut, tu le savais, à ta mère l'Église
De grands, de vaillants cœurs, des soldats comme [toi.]
Qu'au moins du haut du ciel, ta voix nous fortifie.
J'entends déjà la voix de ton sang qui nous crie :
Qu'il est beau de combattre et mourir pour sa foi !

Ces stances, vivement applaudies, furent comme le bouquet d'adieu par lequel se termina cette belle fête qui fera époque dans les annales religieuses du pays.

CONCLUSION.

Tel fut le P. Dorie, et telle est la gloire qui s'attache aujourd'hui à son titre de martyr !

Quand un général chargé des dépouilles de l'ennemi entre dans la capitale où siége son Souverain, pour y recevoir les honneurs du triomphe, les soldats qui forment son cortége et qui l'ont aidé à vaincre sont ivres de son bonheur, et chacun d'eux, en le désignant du doigt, a la fierté de dire : « C'est là mon œuvre ! c'est parce que j'ai combattu avec lui qu'il porte aujourd'hui en main le bâton de maréchal ! »

Tel est le langage que tout associé de la Propagation de la foi peut tenir à la vue de la palme que le martyr Dorie a moissonnée sur le champ de bataille de la Corée où il a remporté la victoire.

Qu'est-ce que l'association de la Propagation de la foi, établie en France d'abord en 1822, et depuis dans toutes les parties du monde, sinon une immense armée dont le missionnaire est le chef, et chaque associé est le soldat? Milice sainte, s'il en fut jamais, qui fait le tour du globe, non pour briser les sceptres et les couronnes, renverser les dynasties des rois, et changer les constitutions des peuples, mais pour conquérir les cœurs et les soumettre à l'empire de Jésus-Christ !

Le missionnaire est l'âme de cette armée; c'est lui qui lui donne le mouvement et la vie ; lui qui marche à sa tête et aborde de front l'ennemi. Sa poitrine, il est vrai, est exposée la première à ses coups, et seule elle est couverte à l'occasion de glorieuses cicatrices; mais qui l'aide dans ces combats gigantesques où il cueille souvent dans son propre sang la couronne de l'immortalité? Le soldat qui lui a mis les armes à la main et s'est tenu constamment à ses côtés, c'est-à-dire l'associé de la Propagation de la foi.

Parlons sans figure.

Dieu appelle un jeune homme à la gloire de l'apostolat. Pendant les années de son séminaire il a soufflé dans son âme l'ardeur des saintes luttes; il a déposé dans son cœur une foi à transporter les montagnes, une confiance à vaincre tous les obstacles, un amour à triompher de tout, même de la mort; il y a semé le germe des vertus héroïques; mais qui le conduira dans les régions infidèles qu'il a mission de prêcher et de convertir à l'Évangile ? Ce sera l'aumône abondante que le riche verse chaque année dans la caisse de la Propagation de la foi; ce sera le sou que l'artisan, le laboureur, le pauvre lui-même y déposent chaque semaine.

Grâce à cette aumône, grâce à ce sou, le missionnaire pourra quitter le Séminaire des Missions-Étrangères et s'embarquer au Havre, à Marseille, ou en d'autres ports. Il pourra fendre les flots du grand Océan et aborder en Sénégambie, chez les Caffres et les Hottentots, et initier les enfants de Cham à la civilisation chrétienne. Il pourra cingler vers les deux Amériques, traverser leurs grands fleuves, franchir leurs hautes montagnes, pénétrer dans leurs forêts vierges et apprendre à l'Indien, au teint noir ou cuivré, qu'il y a pour lui une part dans l'héritage du Père céleste. Il pourra faire le tour du globe, visiter l'une après l'autre les innombrables îles qui font de l'Océanie comme une immense couronne dont chaque île est une perle, et condamner les anthropophages qui les habitent à ne plus manger de chair humaine. Grâce au sou de la Propagation de la foi, le missionnaire pourra sillonner la Méditerranée, la mer Rouge, l'Océan Indien, la mer de Chine et mettre pied à terre dans les diverses procures des missions que ce sou a échelonnées à Singapore, à Saïgon, à Hong-Kong, à Sanghaï, comme autant d'étapes d'où il s'élancera, après quelques jours de halte, vers les forêts du Ton-Kin, les marais de la Cochinchine, les plaines de la Chine et les pics couverts de neige du Thibet. Il pourra s'embarquer sur le fleuve Bleu, descendre dans la mer Jaune, toucher la Mandchourie, le Japon; il pourra poser sa tente, comme le P. Dorie, dans la presqu'île de Corée.

Pour en revenir à ce glorieux martyr, chaque associé donnant un sou par semaine à la Propagation de la foi peut dire en le contemplant assis sur un trône à côté de son Sauveur: « Voilà mon ouvrage! Il n'est arrivé là qu'avec mon aide et mon concours. Par conséquent, j'ai une part dans ses mérites et dans sa couronne de martyr, et j'ai droit à son assistance sur la terre, en attendant qu'il me soit donné de m'associer à sa gloire dans le ciel. »

L'association de la Propagation de la foi est aujourd'hui le grand levier qui remue le monde païen. C'est le flambeau de la civilisation qui chasse les ténèbres épaisses dans lesquelles il est encore enseveli, en faisant briller à ses yeux la lumière de l'Évangile et en l'inondant de ses clartés.

Exciter les fidèles à entrer dans cette œuvre et à lui payer un large tribut, a été l'un des buts pour lesquels nous avons écrit ce livre. Puissions-nous l'avoir atteint! et daigne le martyr dont nous avons révélé les vertus pour l'édification de tous, allumer dans les âmes qui en prendront lecture le zèle qui alimente l'apostolat catholique !

FIN.

TABLE.

FIN DE LA TABLE.

POITIERS. — TYPOGRAPHIE DE HENRI OUDIN, RUE DE L'ÉPERON, 4.

A LA MÊME LIBRAIRIE

VIE DE JÉSUS-CHRIST ILLUSTRÉE, par M. L. Veuillot, 1 beau volume grand in-8° avec 6 gravures allemandes. . . . . 15 »

LE MÊME OUVRAGE, 1 volume in-12. . . . 3 50

VIE DE LA SAINTE VIERGE, par l'abbé de Cazalès, 1 volume in-18. . . . . 2 50

LA VIE CHRÉTIENNE, par M. l'abbé Freppel, 1 vol. in-8°. . . . . 4 »

VIE ET CORRESPONDANCE DE J. THÉOPHANE VÉNARD, 2e édition, 1 volume in-18 jésus. 2 fr. 50

VIE DU R. P. CHARLES-ISIDORE BAIZÉ, 2 vol. in-18 jésus, broché. . . . . 4 »

VIE DE LA RÉVÉRENDE MÈRE DE TRENQUELLEON, 1 volume in-18 jésus, broché. 2 50

VIES DES PREMIÈRES RELIGIEUSES DE LA VISITATION SAINTE-MARIE, 2 vol. in-12 brochés. 7 »

VIES DES SAINTS, par le R. P. Giry, 2 vol. grand in-8°, avec 14 gravures de Lepautre, brochés. . 20 »

VIES DES SAINTS, par le R. P. Giry, 4 volumes in-12 brochés. . . . . 12 »

VIES DES SAINTS, par le R. P. Giry, 15 volumes in-8° cavalier, le volume. . . . . 6 »

VIES DE NOTRE-SEIGNEUR JÉSUS-CHRIST ET DE LA SAINTE VIERGE, par le R. P. Giry, 1 volume in-12. . . . . 1 50

VIES DES SAINTS, suivant le Missel et le Martyrologe romains, 1 volume in-12, broché. 1 80

VIES DES SAINTS DE L'ÉGLISE DE POITIERS, 1 volume in-32. . . . . » 75

POITIERS. — TYPOGRAPHIE DE HENRI OUDIN.

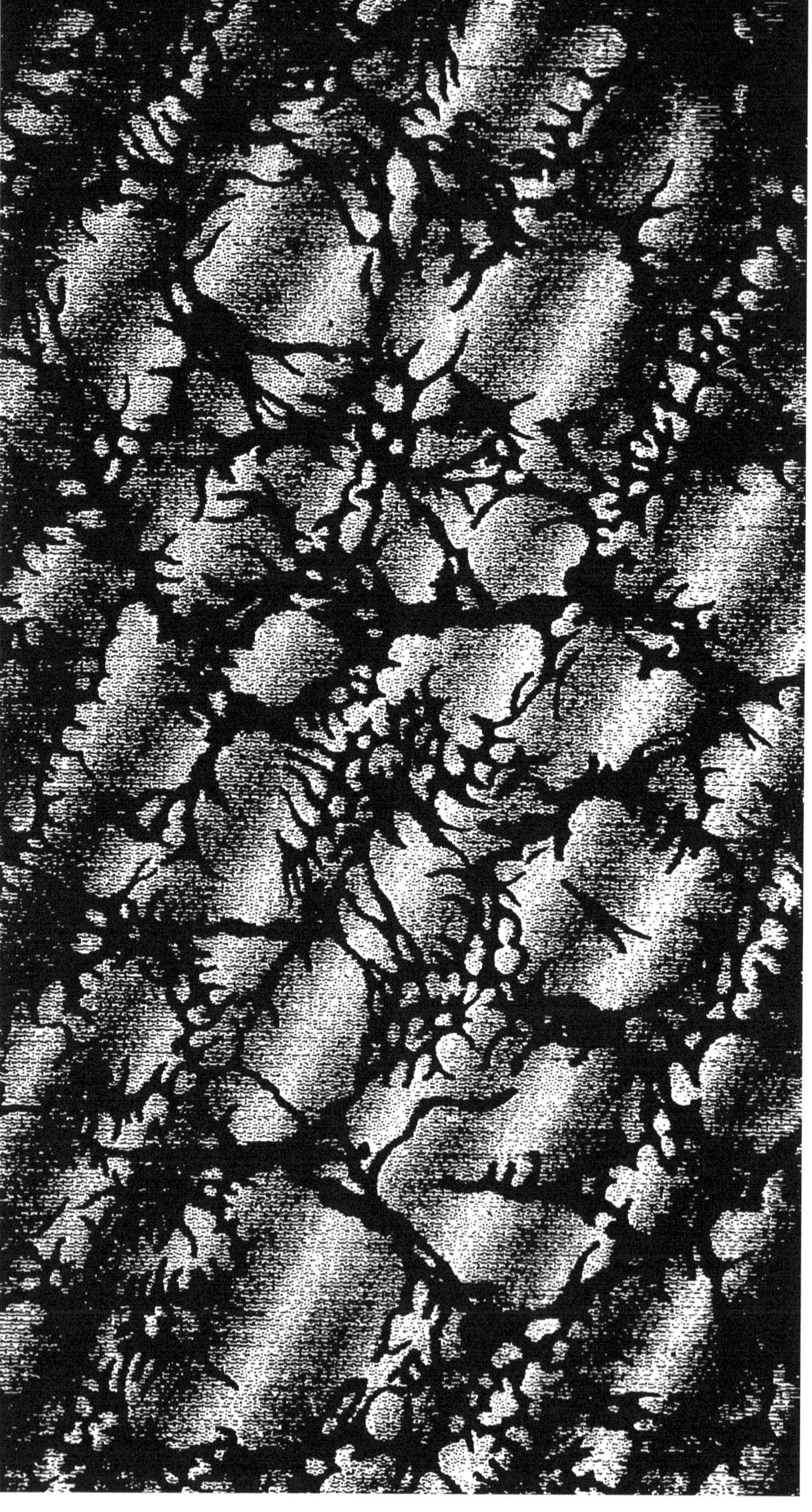

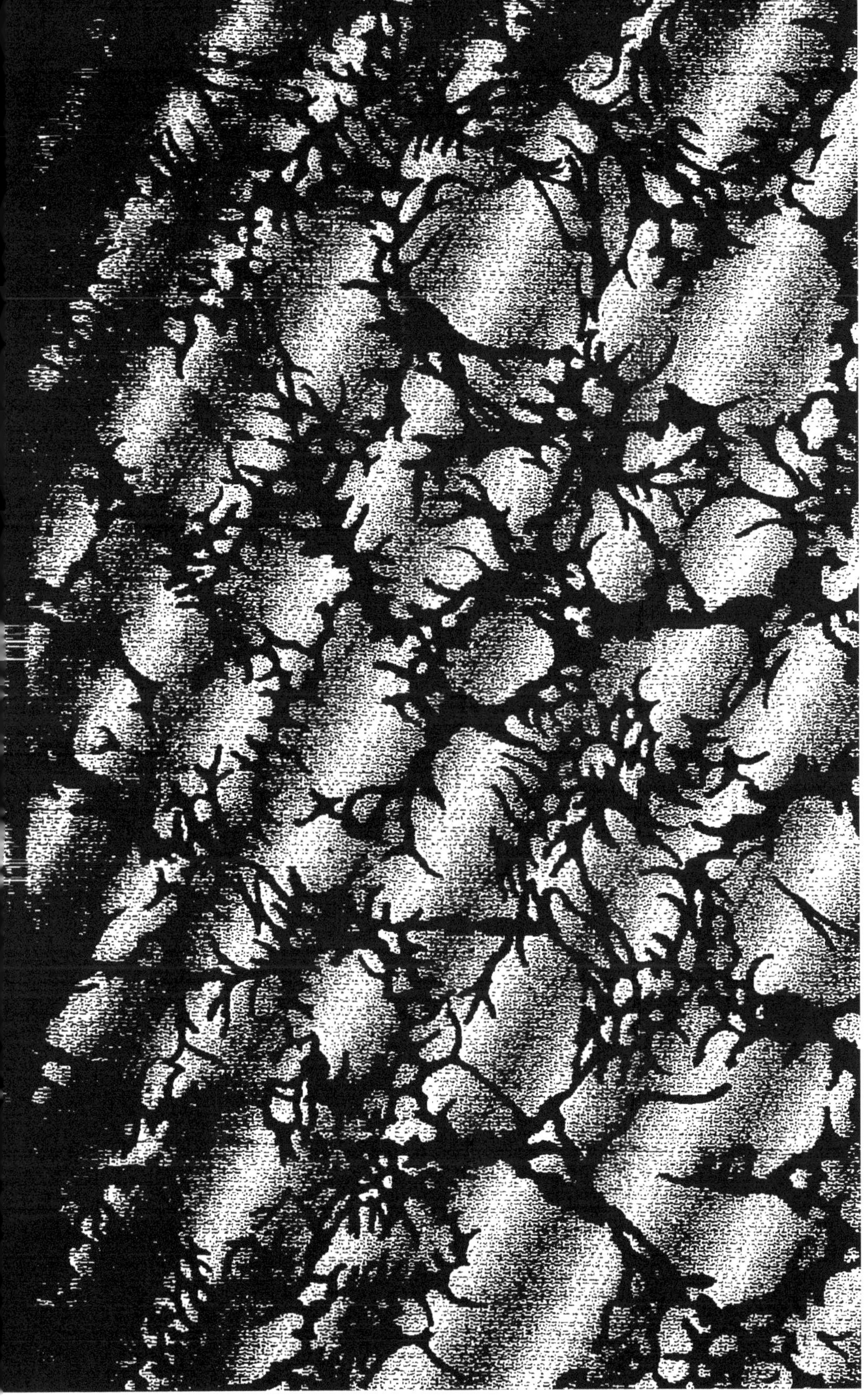

www.ingramcontent.com/pod-product-compliance
Ingram Content Group UK Ltd.
Pitfield, Milton Keynes, MK11 3LW, UK
UKHW021854190726
13855UKWH00001B/320

9 782012 961883